做最好的自己

十五堂女性情商課

楊文利 —— 著

非凡出版

○ 前言

　　1995 年，美國心理學家丹尼爾・戈爾曼在其著作《情商》中首次提出了「情商」的概念。他認為，人們需要加強掌控自身情緒、妥善管理情緒、自我激勵、洞察他人情緒和人際關係管理的能力。丹尼爾・戈爾曼是當之無愧的情商實務第一人，但情商的概念涉及範圍太廣，所以專注於情商的學者們也需要進一步劃分研究領域，比如劃分「青少年的情商」、「管理者的情商」等。我之所以提出「女性情商」的概念，是因為女性和男性在大腦結構、生理特徵、社會角色等方面存在諸多差異，而這些差異真切地影響着女性的情緒和生活模式。

　　與男性相比，女性通常會感受到更多、更細微，也更強烈的情緒。研究發現，女性在特殊時段（如月經期、妊娠期、育兒期、更年期等），大腦結構會發生細微的變化，這些不為人知的生理變化讓女性比平日更敏感，也更容易捕捉到複雜且細微的情緒波動。

女性情商

　　基於丹尼爾・戈爾曼情商理論的五部分內容，我將之概括提煉成圖中所示的五個部分。當世界上越來越多的人接受情商理論並意識到提升情商的重要性，尤其是針對女性情商的提升時，相應的方法論就顯得非常欠缺。

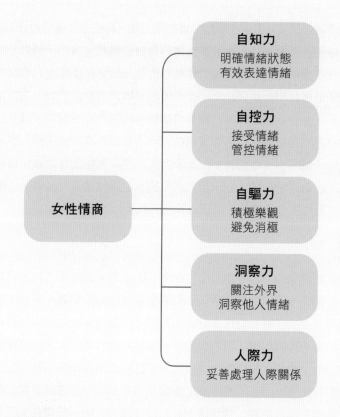

1. 自知力

　　女性情商的第一「力」是自知力，即隨時明確自身情緒狀態並能有效表達自身情緒的能力。那麼，如何明確自身情緒狀態呢？這需要女性時刻留意自己身體各個部位的感受與變化，比如肩膀在緊

張時會變得僵硬，手腳在憤怒時會充滿力量，胸腔在恐懼時會合攏，面部在害羞時會變紅，眉毛在焦慮時會自動皺起，等等。總之，通過關注身體的變化，就能做到隨時明確自身的情緒狀態。只有在明確自身情緒狀態的基礎之上，才有可能有效表達自身情緒。在通常情況下，女性更傾向於用表情和肢體動作表現內心的情緒。當我們總是用表情和肢體動作表現情緒時，別人只能靠猜測去了解我們的想法，「女人心，海底針」就是眾多男性在與女性交往之後得出的感慨。因肌肉有記憶功能，當我們用語言表達情緒時，就避免了面部肌肉產生更多的細紋，也促進了我們與他人之間的溝通。

2. 自控力

女性情商的第二「力」是自控力，即能夠有效接受並控制自身情緒，避免其影響身體健康、工作和生活的能力。面對紛繁複雜的「情緒海洋」，很多女性容易迷失其中。一旦情緒波動較大，很多人的內心會有挫敗感，認為自己的確如外界所說：「女人是情緒化的動物。」於是，我們要麼麻痺自身的情緒，不再深入了解每種情緒波動帶給我們的啟示和影響；要麼隨波逐流，任由情緒將我們帶入危險的漩渦。其實，情緒是上天送給每位女性的一份禮物，只要我們勇敢面對，就能解讀出很多信息，這些信息將使我們變得更篤定、更成熟，也更幸福。因此，管控情緒要從接受情緒開始。那麼，如何接受呢？比如，當你非常努力地工作，卻遭到客戶或上司的否定時，你難免會感到委屈。委屈會讓人體溫下降、鼻孔縮小、悲從

中來，甚至產生放棄的念頭。當你意識到這種情緒時，要第一時間告訴自己：「很好！我又感到委屈了！這次我要好好用心體會委屈到底會讓我有甚麼樣的行為變化和內心感受！」再比如，當你全心全意地對待朋友，卻發現對方總在背後說你壞話時，你一定會感到生氣。生氣會讓你血液上湧、心跳加速，甚至產生使用暴力的衝動。當你意識到這種情緒時，要第一時間告訴自己：「很好！我又生氣了！這回我倒要看看生氣狀態下的我和平常有甚麼不同！」總之，當一種情緒席捲而來時，我們要像個好奇的科學家一樣接受情緒並觀察這種情緒帶給我們的變化。只有接受情緒，才有可能管控情緒。管控情緒的方法有很多，比如順腹式呼吸法、冥想、積極的心理暗示、轉移注意力等。

3. 自驅力

女性情商的第三「力」是自驅力，即在較為平穩的情緒狀態下，擁有更多積極樂觀的信念和行為。人會在各種欲望的驅使下，做出或有益或有害的行為。但無論怎樣，我們都應該感謝自身的欲望，更要有意識地利用這些欲望，使自己變得更健康、更富有，也更幸福。比如，我們每個人都有改善衣、食、住、行等基本生存條件的欲望，也都有對安全感和社會保障的渴望，更希望擁有高質量的親密關係和歸屬感，在這些都能實現後，我們還會產生贏得他人尊重、實現自我認同、為理想拼搏和不斷釋放潛能的想法。天生我材必有用，但我們先得了解自我並找到適合自己的位置。女性受限於自身

生理條件，很容易在親密關係和婚姻中迷失自我，忘了作為一個獨立的人所必須追求的更高的目標。在家庭中，如果母親為了孩子放棄工作，我們會認為這是一件稀鬆平常的事，似乎理所應當；而當父親為了孩子放棄工作時，我們就會覺得他犧牲得很多。長久以來，女性被婚姻和家庭佔據了太多時間和精力，所以很容易逐漸放棄自己的追求，進而變得甘於奉獻、甘居人後，不再追求進步和完善自己。所以，女性更需要具備自驅力，主動擁抱積極的情緒並不斷完善自己。

4. 洞察力

女性情商的第四「力」是洞察力，即從自己的小世界裏走出來、關注外界並洞察他人情緒的能力。如果説女性情商的前三「力」解決了女性與自己和諧相處的問題，那麼後面的部分就是解決女性和外部環境的關係問題。基於人類的進化和遺傳，女性的痛覺神經更為敏感，女性的關注點更容易停留在心愛的人身上而非外界，女性更容易產生焦慮和抑鬱的傾向。因此，女性格外需要從自身世界中抽離出來，去關注外部世界，對世界、時勢、組織或他人的感受重燃好奇心並洞察他人的情緒變化。與男性相比，女性左右腦之間的聯結更通暢（神經傳導所需的路徑更短），在做決策時更容易兼顧情感因素。所以，女性尤其需要發展自身洞察他人情緒的能力，這樣才能提高決策速度和質量，避免陷入情感糾葛。提升洞察力的方法無外乎兩種，一是解讀溝通對象的所有非語言信息（如面部表情

和肢體動作），二是掌握並分析外界環境的相關資訊。值得慶幸的是，提升洞察力並不難，因為只要你集中學習相關知識、留心觀察並進行分析推理，就能在短時間內提升洞察力。

5. 人際力

女性情商的第五「力」是人際力，即影響他人的所思所為和妥善處理人際關係的能力。美國社會心理學家羅伯特・西奧迪尼在其著作《影響力》中剖析了人類順從他人行為背後的諸多心理秘密。那些秘密其實都是情商高手深諳的行為準則。比如互惠原則，不論在人前還是人後，情商高手通常都會與人為善，因為他們明白這個道理：讓對方喜歡自己的前提是自己首先主動表現出喜歡對方的傾向。人與人之間總是會相互影響的，但情商高手具有較大的影響力，他們通常會影響身邊的人，而輕易不被身邊的人影響。同時，他們也明白人都是環境的產物（誰都難免被他人影響），所以他們會有意識地為自己建立一個高質量的人際關係，以此受到更多積極的影響。其實，到目前為止，沒有任何科學數據證明女性和男性誰更擅長處理人際關係，但多數女性陪伴孩子的時間更長，她們無疑是孩子的第一模仿對象。所以，女性需要為孩子做出更好的表率。另外，在大部分人的婚姻生活中，女性接觸的瑣碎事務更多，也更需要掌握平衡夫妻雙方家庭關係的能力。

高情商女性十大特質

簡單來說,女性情商的內涵很像通關遊戲,每一種能力的提升都必須建立在前一種能力的基礎之上。比如,無法明確自身情緒狀態,何談管控自身情緒;非常情緒化的人沒有掌握管控情緒的能力,又何談保持積極樂觀的精神面貌;連自身情緒都不了解的人,很難理解他人的情緒;忽視他人情緒也很難處理好人際關係。而高情商的女性通常具備以下十大特質:

1. 可以隨時明確自身的情緒狀態。
2. 善於表達自身的情緒,不會因情緒波動而影響工作和生活。
3. 懂得如何與自己對話,內心平靜且篤定。
4. 善於管控自身情緒,能更快地度過情緒低潮和情緒過度高漲期。
5. 能保持長久的積極心態,對未來充滿期待。
6. 在遭遇挫折後能更快地復原,極少出現沉淪或抱怨的傾向。
7. 除了關愛親友,對所屬組織的成員、社會時事、國際新聞等都很關注。
8. 多數情況下,能聽懂他人的弦外之音,能感知他人內心的情緒變化。
9. 在人群中有較強的影響力,總是能得到他人的喜愛和追隨。
10. 善於處理各種人際關係,具備較強的溝通、協調和統籌能力。

女性更易陷入情緒當中

不知道你是否留意過這樣一個現象：在你和伴侶發生衝突後，他總是很難意識到問題的嚴重性，直到你流下眼淚，他才會真正重視起來。其實這正是因為男性不太擅長感知他人情緒和女性更容易陷入情緒當中的表現。

對男性而言，看不見的情緒實在難以捉摸，晶瑩的淚花卻很容易識別。所以，有時候我們需要用眼淚引起對方的重視，而非自顧自地亂發脾氣。請你一定要相信，在我們的生活和工作中，有很多這樣的常識尚不為我們所知，所以我們需要通過學習來提升我們的情商並從中受益。當然，沒有人天生就擅長管控情緒，更沒有人天生就能掌握處理人際關係的技巧。

作為女性，無論她天生如何聰穎秀美，或是出生在多麼富貴顯赫的家庭中，總要面對生活，總難免遭遇「情緒暗礁」或「情緒浪潮」的襲擊。一個長期受不良情緒影響的女性怎會擁有健康的身心和良好的人脈？

作為一名職業培訓師，我講課近 20 年，為眾多企業提供過提高情商方面的培訓，也見證了這個時代背景下形形色色的、最真實的案例。無論是日益激增的女性抑鬱人群，還是乳腺癌患者，都讓

我覺得倡導女性提升情商的工作迫在眉睫。這是一項任務艱巨但影響深遠的工作。我期待所有女性都能重視起來，主動提升自身的情商，並將所學積極地加以運用。

在這樣一個強烈信念的驅使之下，我謹慎地鎖定了困擾女性成長的 15 個典型問題，並認真完成了本書的寫作。我相信書中的很多案例會引起你的共鳴，更相信書中提供的方法和技巧會對你有所幫助。趕快開始你的閱讀之旅吧！另外，你不一定要嚴格按照從頭到尾的順序閱讀本書，完全可以從你最感興趣的一個篇章開始。

願天下所有女性都能真正地懂自己，更會愛自己。

楊文利

Contents

chapter 01 職場處世之道

chapter
02　日常家庭二三事

chapter
03　愛自己 多一點

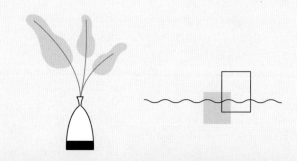

Chapter 1

職場
處世之道

打造優雅又知性的高級感

一個能思想的人，才真是一個力量無邊的人。

——巴爾扎克

Alice 在生下女兒之前總是一副不修邊幅的樣子，做事不拘小節，說話也直截了當。雖然她一向認為內在美更重要，但當她想到女兒的教育問題時，便開始思考自己作為母親對女兒的影響力。她希望女兒可以成長為一個內外兼修的人。就是這樣一個想法開啟了她的內在反思，她做了很多她以前不願意做的事：堅持早睡早起，注意飲食搭配，定期健身塑形，加入一個女性讀書會，更主動地響應了公司的導師計劃。就這樣，隨着女兒的不斷成長，她也越來越優秀。雖然生活依舊會有不如意之處，她的內心卻越來越充盈、目標越來越堅定。

把辛苦「磨」成幸福

年輕的女孩像貝殼，五彩斑斕，千姿百態；優雅的女人像珍珠，嫻靜溫潤，雍容華貴。當貝殼受到沙礫等外界物質的入侵後，為避免自身受損，會分泌出一種叫作「珍珠質」的物質，這種珍珠質會把沙礫層層包裹住，使其圓滑，最終形成珍珠。女性在很多方面都比男性更為敏感，所以也註定會承受更多心理壓力。但是，歲月對於有些人是蹉跎，而對於另一些人則是雕琢，後者更善於將困頓變成滋養心靈的養分，把辛苦「研磨」成幸福，活得充實且從容。

美國心理學家杰弗里・科特勒聚焦改變的話題，進行過系統的研究，並在《改變》[1]一書中探討了阻礙行為發生改變的主要因素。改變的確很難，但並不是不可為之。所以我們要先了解改變的難點到底是甚麼。

人類的大腦分左腦和右腦，女性腦中連接左右腦的橫向神經纖維（又稱為「胼胝體」）相較於男性腦中的更粗、更短，這直接導致女性的決策速度更慢，因為女性經常會在理性和感性兩種模式中糾結。理性說：「我真應該這樣做。」感性卻說：「但我實在不想這樣做。」這是一種思維慣性，人總是想着甚麼都不用主動改變，生活就能自動地越變越好。

強大的「精神管家」

在我們人類漫長而又潛移默化的進化過程中，大腦已經訓練出若干個習慣性行為，這些類似條件反射的行為把我們「照顧」得很好，讓我們活得既輕鬆又安全。比如，遇到危險後，我們的瞳孔會自動放大，因為要看清危險源；劇烈運動後，我們的排汗系統會自

動開啟，只為讓體溫保持恒定；生下寶寶後，我們的身體會自動分泌乳汁……這一切行為都可以在我們毫無意識的前提下自動發生。這一系列習慣性的反應解放了我們的大腦，同時也禁錮着我們的行為。每一個習慣性行為都對應着一套神經回路系統（也就是我們的「精神管家」）。想要重新佈陣？談何容易。

舊習存在的用處

德國哲學家黑格爾說過：「存在即合理。」那麼，舊有的習慣有甚麼存在的合理性或用處呢？

· · · · · · · · · ·

總是睡懶覺的 Gina 明明知道自己的身材越來越差，應該早起鍛煉身體，但就是我行我素。她丈夫的收入遠比她低，但他們的感情基礎非常好，日常相處也很愉快，只是丈夫偶爾會評價她日益發福的身材，她卻只是笑呵呵地承認並發誓要減肥（雖然她從來都只是說說）。因為在 Gina 的內心深處，她希望丈夫在某些方面比自己強，自己的收入遠高於丈夫這一事實無法改變，她便有意識地在睡懶覺這件事上「執着」。換句話說，睡懶覺的 Gina 雖然經常被丈夫奚落，但是她認為這一習慣稍稍弱化了她的完美形象，使之與丈夫保持了某種平衡。

· · · · · · · · · ·

很多致力於研究「戒癮」的專家表示，人總要經歷「置之死地而後生」的心理，才會真正揮別舊習。其中的原因自然也包括舊習存在的隱秘用處。

一個人剛開始進入某個環境時，首先會仔細觀察其他人的行為方式，進而調整自身進行模仿，這是人與生俱來的適應性和集體屬性。但當這個環境中有個別人想要發生改變時，他必然會擾亂其他人早已習慣的格局和意識，所以，避免身邊的人發生改變的行為便隨即產生。乞丐不會嫉妒百萬富翁，但會嫉妒比自己混得好的乞丐。來自身邊人的干預是阻礙改變的因素之一。一個人的改變會讓他身邊的人感受到強烈的心理衝擊，雖然他們嘴上通常不承認。為了「自保」，他們會實施各種干預手段。但這種來自身邊人的干預無法阻擋一個真心想要改變的人，它們充其量只是阻礙而已。

進入某個環境 ▶ 仔細觀察其他人的行為方式 ▶ 調整自身進行模仿

誰也不可能把生活經營得面面俱到，畢竟我們的時間有限，不同的人有不同的煩惱。我們一山望着一山高，誰又知道別人腳底下是否舒適？壓力就像我們穿在外衣裏面的內衣一樣，勒得難受了，就趁別人不注意時快速扯一下，一忙起來，這種壓力也就被我們拋擲腦後了。慢慢地，我們適應了這些壓力，並和它們和平共處，便很難做出改變。

◯ 優雅知性只是習慣而已 ◯

我們了解了改變的難點後，就可以不再迷茫。那麼接下來，就是我們迎難而上，一起努力改變的時候了。

女性的皮膚厚度比男性薄，所以，女性的面容更容易被各種情緒「刻畫」，也就是說：更容易衰老。人的面部有 40 多塊表情肌，

它們是用來表現人的喜怒哀樂的，而且具備「記憶功能」。因此你平日裏的情緒都會被一一記錄在冊，關鍵時候根本無法掩飾。

英國第一位女醫生、女市長伊麗莎白·加勒特·安德森生活在19世紀的英國，正好是維多利亞時代，這個時期的大英帝國處在世界之巔，而女性的地位卻極其低下。她們沒有選舉權，沒有起訴權，更沒有財產權。伊麗莎白在法國巴黎取得了醫學博士的學位。她曾在倫敦女子醫學院工作，不斷地推動婦女獲得權利，後來成為英國歷史上的首位女市長。她在醫學院為女學生們樹立了職業女性的典範，並不斷教導她們説：「女性必須學會的第一件事就是穿衣要像淑女，做事要像紳士。」 總之，服飾搭配和衣櫥管理是所有女性的必修課，注重穿着打扮並不是為了取悦他人，而是莊重自己。

重視皮膚護理

你為皮膚做過多少清潔工作，皮膚就會為你綻放多少光芒。生活中，我總能發現一些中年純素顏的女性的臉上泛着光芒，潤澤的皮膚上雖有細紋，但依然難掩其優雅與知性。每次看見她們，我都深信她們一定擁有護膚的好習慣。美麗始於潔膚，這句話真的沒錯。

皮膚的最外層叫作「角質層」，它能保護皮下組織，防止其受到環境的侵害。然而，當角質層長時間受到外界侵害後就會變得很薄，皮膚的防禦能力也就隨之下降，很容易受傷。保濕補水則會促進「水合脂」的形成，角質層的細胞才能因此更好地自我修復，繼續為皮膚提供防護。要知道，讓碗裏的一滴墨顏色轉淡，最好的方法是不停地往裏加水。

時光老人一定是一位畫家，因為它總愛在我們的臉上留下各種

色斑。雖然它們於生活無礙，卻有礙觀瞻，所以祛斑工作必須有序進行。當然，產生色斑的原因有很多，比如過度疲勞、缺乏睡眠、精神壓力過大、紫外線照射、劣質化妝品的刺激、內分泌失調、懷孕引起的黑色素沉澱、新陳代謝慢、抗生素藥物刺激、氣血不足、流產手術等。所以，祛斑工作不能一蹴而就，人的皮膚一旦失去角質層的防護就會很危險。你需要到正規的醫療機構接受治療。

別太在意皺紋

我有一位合作夥伴，她 50 歲左右，事業蒸蒸日上。把兒子送進大學後，她感受到了前所未有的輕鬆。可能是因為骨子裏怕老，也可能是碰上了哪位銷售高手，她竟做了皮下注射的美容治療。臉上的皺紋消失了，但臉上的表情也缺乏了些許生動。每次和她說話，我總感覺她戴着個面具，笑容裏多了一絲詭異，少了很多真誠。

父母賜予我們的是一張無瑕的面容，我們則用自己的性情和經歷重塑了這張臉。我們才是自己的雕刻師，而創作過程需耗盡一生，且越往後越見功力。有的雕刻師懂得順勢而為，讓作品渾然天成；有的雕刻師卻沒有主見，最後讓作品變了形。請記得，要愛自己，也要愛那散發着歲月光芒的皺紋。

節制對美食的貪戀

美國心理醫生朱莉·霍蘭在《情緒女人》一書中說：「一直以來都有實驗證明，小鼠超重對大腦毫無益處……如果給這些小鼠抽脂，細胞活素含量隨之降低，它們的智力測試可以拿 A……除此之外，還有一個毛骨悚然的事實：研究者往消瘦的實驗鼠身上移植之前通過手術割下來的脂肪塊，消瘦的實驗鼠在認知測試中的表現會

變差。這就是所謂的『肥』頭傻腦吧。」[2]

我們的胃部呈囊袋狀，它具有相當強的伸縮性，並受神經調控。成年人在空腹的時候，胃腔容量約為 100 毫升，進食後能達到 2,000 毫升左右。也就是説，當你感覺到撐的時候，胃腔容量已是飯前的 20 倍。因此，胃腔容量會隨着進食量的變化而變化。要記得，適度的飢餓感才是享受美食的先決條件，每頓飯吃到感覺不餓就可以了。

不斷拓展自己的邊界

社會心理學家蘇珊·菲斯克和雪萊·泰勒共同提出了「認知吝嗇者」的概念。認知吝嗇者是指個體在接收信息時，不情願思考，單純憑經驗或直覺去反應，用認知捷徑處理外界信息，用以減輕自己的認知負擔。當然，我們都是認知吝嗇者，所以才有那句「知之為知之，不知為不知，是知也」的名句。我們很容易犯自以為是、想當然和答非所問的錯誤。尤其是女性的大腦更傾向於記憶事情的細節而非整體，而女性的語言表達能力又很發達，所以一個不學習的女性遲早會變得喋喋不休、索然無味。因為大腦猶如土地，沒種莊稼，只能雜草叢生。既優雅又知性的人都有一份基於靈魂深處的自信，因為優雅源於自信，自信源於勤奮，勤奮源於一顆願意學習的心。閱讀至此的你，想必一定是既優雅又知性的。

古希臘哲學家伊比鳩魯説：「在確保終身幸福的所有努力中，最重要的是結識朋友。」年輕時，我們期待着擺脱對父母的依賴，卻在多年後發現，我們並沒有完全獨立，而是依賴着更多的人。

． ． ． ． ． ． ． ．

Celia 天生有種沉靜溫婉的氣質，因為交往 9 年的前男友在婚前臨陣脫逃，所以她對婚姻有些畏懼。一個氣質和能力都很一般的男人最終成了她的丈夫。幾年下來，她的皮膚枯黃乾裂，體重也增加了十幾磅。在她已經準備甘於平凡時，丈夫卻有了婚外情。經過半年多的冷戰，他們還是離了婚。Celia 説：「作為女人，如果你都放棄了自己，又怎能奢望別人會愛你？」有意思的是，在她果斷揮別那段不堪回首的婚姻後，她的身材也重新變得苗條、健康。

． ． ． ． ． ． ． ．

Jessica 是醫院裏的一名藥劑師，每天上班看單執藥，下班忙着照顧兩個兒子。她幾乎沒甚麼朋友，除了她的一位大學同學。這位同學先後做過醫藥銷售代表、保險經紀人和美容院老闆，每天忙得筋疲力盡。壓力過大的時候，她總是習慣向 Jessica 訴苦，她們的友誼就這樣保持了幾十年。雖然她這位同學的經濟條件要優越很多，但 Jessica 卻非常珍惜自己平淡的小日子。

． ． ． ． ． ． ． ．

我把丈夫和朋友都稱為「後天親人」，你長時間面對的人對你的影響最深，所以我們需要用心對待他們並不斷完善自己。當然，有些事不能苟且，有些人不能遷就。Celia 離婚的決定顯然是對的，因為她在離婚後，整個人的狀態都變好了。至於藥劑師 Jessica，她能守着清貧的時光安然度日，保持着較高的幸福感，正是因為她透過同學感受到了現實的殘酷，從而少了一份浮躁和慌張。

如果你有一位認真生活、用心待你的丈夫，就請適度容忍他的缺點，因為你們一起努力，彼此互補，才能成為無堅不摧的「婚姻

共同體」。婚姻的意義就是讓彼此都能變得更好，最終變成對方生命中不可或缺的那個人。如果他視你的好為理所當然，並放棄為你們共同的未來努力，那麼請你及時放手，千萬別讓自己太狼狽。離婚確實是一種不愉快的經歷，但生命如此短暫，世界如此美好，你沒必要明知堅持是徒勞，還一味地傷害自己。

運用「7 秒法則」養成好習慣

我們不妨先來看兩個實際案例，再來深入了解「7 秒法則」。

. . . .

Maggie 是一位金融理財師，她最近的一次感冒咳嗽持續了將近一個冬天。所以，一到春天，她便購買了冥想的網絡課程和全套的冥想用具。每天早晨，被鬧鐘叫醒後，她總會在床上賴上一會兒，而那「一會兒」總讓她感覺無比愜意，所以她的晨間冥想的習慣一直沒養成。後來她運用「7 秒法則」，輕鬆養成了晨間冥想的習慣。

. . . .

1. 睡前，她把電腦放在床頭櫃上，並把瑜伽音頻課程打開，讓界面保持在隨時可以開始的暫停狀態。

2. 她把新買來的瑜伽墊放到枕頭旁邊。

3. 她穿着寬鬆舒適的瑜伽服入睡。

4. 她把鬧鐘的時間從原來的早上 6 點 30 分調整到早上 6 點 15 分。

5. 她把原本放在床頭櫃上的鬧鐘放到距離床尾一米的地上。

當 Maggie 做了上述這些細微的調整後，神奇的事情出現了：早晨，她被鬧鐘吵醒後，條件反射地用右手去摸索鬧鐘，而鬧鐘離她的手太遠，她至少要花 7 秒才能完成睜眼、起身、向床尾挪動、彎腰、下床跨出一步並關掉鬧鐘的一系列動作。所以，在執着、刺耳的鬧鈴聲中，Maggie 睜開了雙眼（此時她本打算摸索鬧鐘的右手還停在空中），看着電腦顯示出的微弱光芒，便隨手按了回車鍵。然後，充滿磁性的冥想引導語伴着清新的音樂響起。

別以為這樣她就會練習冥想了，Maggie 又習慣性地閉上了雙眼。但耳邊是冥想曲、引導語和鬧鈴聲混雜在一起的聲音，這讓她難以忍受。所以，她的大腦變得清醒了一些，然後她去了趟洗手間。她從洗手間出來並關掉鬧鐘後，又習慣性地爬回床上。但身旁的瑜伽墊和身上的瑜伽服都已就位，她便輕而易舉地靠着床背坐直、閉上了雙眼——晨間冥想的練習終於開啟了。

· · · · · · · · ·

52 歲的欣曼在一家大公司工作，從家到公司只需要步行 5 分鐘。她的丈夫常年在外地工作，他們唯一的女兒在英國讀書。她的生活很安穩，唯一的煩惱是自己日益發福的身材。尤其一年後要參加女兒的畢業典禮，她知道減肥勢在必行了。在她嘗試了「7 秒法則」後，效果非常明顯。第二年，她優雅自信地出席了女兒的畢業典禮，讓女兒驚喜到尖叫。

· · · · · · · · ·

原來她清空了冰箱，並果斷拔下了電源。換言之，除了水，她的家裏甚麼食物都沒有，咖啡、糖等都被她送給了親戚和朋友。儘

管她的廚藝很好，但為了避免逛菜市場，她恢復了早上和中午在公司食堂吃飯的習慣，食量與往常一樣。 每天下班後，她就換上運動鞋，帶上最原始的計步器，朝家的相反方向走。走到 10,000 步再往回走，去公司取了衣服和手機後回家。就這樣，她堅持每天 20,000 步的運動量。有時候，她路過餐廳門口時會特別饞，還會想像某種菜的味道，但口袋裏除了家裏的鑰匙和計步器，甚麼都沒有。所以，她也就只能忍耐到底。

熟悉她身體狀況的一位醫生説她的腸胃蠕動比一般人慢，所以她經常在快到吃晚飯時還在打飽嗝。她會大量飲水，所以她的飢餓感並不強烈。後來，她開發出一條往返沒有任何餐廳的運動路線，這讓她不用再面對美食的誘惑……

想改變的主觀意願結合幾個微小的客觀改變，就為壞習慣設置了障礙，讓它的延續不再容易，也為好習慣的形成創造了便利條件。

「7 秒法則」到底是甚麼？

舊有的壞習慣的力量太強大，要想擺脫它，必須人為地為它設置障礙，讓它無法自行啟動，哪怕只是多花 7 秒，事情就會變得不一樣。「7 秒法則」並不是一個「放之四海皆有效」的方法，成功的前提是你發自內心地想要改掉某個壞習慣。

善用 7 秒法則　　改掉壞習慣　　養成好習慣

優雅知性是一系列好習慣的結果，如果你想養成甚麼好習慣，也可以運用「7秒法則」，為你想要養成的好習慣創造便利條件，讓你在「執行」它時節約7秒，事情就會輕鬆很多。比如，你有多久沒用過你家的跑步機了？為甚麼不試着拿掉上面的毛巾，擦去上面的灰塵，插上電源並行動起來呢？如果你做了這些細微的改變，那麼，當你再想跑步時，就會容易很多。換句話說，你啟動這個好習慣所要花費的能量越小，好習慣就越容易養成。

　　法國思想家蒙田説過：「我想靠迅速抓緊時間去留住稍縱即逝的日子，我想憑時間的有效利用去彌補匆匆流逝的光陰。」尼采説：「縱使人生是一場悲劇，我們也要快樂地將它演完。」花兒終將凋零，卻沒有辜負每一寸可以綻放的光陰；女人遲早會老去，也不該放過每一次可以開懷大笑的機會。我們從無意識中哭着來到這個世界，卻有意識地穿過幾十年的歲月，在收穫愛的同時也付出心力，為甚麼不努力在心頭留下一份既優雅又知性的回憶呢？

1. ［美］杰弗里·科特勒著，鐘曉逸譯 .：《改變》。北京：北京聯合出版公司，2016年。
2. ［美］朱莉·霍蘭 . 情緒女人［M］. 尹曉虹，周村，譯 . 北京：中國友誼出版公司，2015：187.

Lesson 02 確立自己的個人形象

> 信念是鳥，它在黎明仍然黑暗之際，感覺到了光明，唱出了歌。
>
> ——泰戈爾

• • • • • • • •

Sandy 剛剛加入一家大型集團，擁有碩士學歷的她被安排進公司的企業大學。雖然同一批加入公司的還有十幾個人，但她還是很自信的，因為她不但身材好，彈得一手好鋼琴，還很擅長穿衣搭配。但在入職培訓期間，她就意識到事實沒那麼簡單，因為大家都很優秀，各有所長，她真不知道自己該怎樣做才能脫穎而出……

• • • • • • • •

個人品牌的概念認知

個人品牌是指一個人有別於其他人的獨特的、鮮明的、確定的和容易被感知的特質，比如外在形象、氣質風格、性格特徵、核心能力、人文修養等。不僅是 Sandy 這樣的新人需要儘早建立個人品牌，所有職場人士都應該有意識地建立和維護個人品牌。這個維護與經營的過程幾乎貫穿一個人職業生涯的始末，也是關乎每個人的職業發展的關鍵內容。個人品牌發展大概呈現以下三種形態。

1. 很多人一輩子也沒意識到個人品牌的重要性，所以，其個人品牌發展的軌跡也只能是接近地平線的「一」字形，其影響力微乎其微。

2. 有些人能意識到個人品牌的重要性，所以在用心包裝後，其收入和發展都遠超普通人。只不過由於外在環境和內在思想會發生變化，所以個人品牌會存在一定程度的波動。多年後，回顧自身發展軌跡時，你會發現它呈現「凹」字形。

3. 只有少數人會把個人品牌當作自己的第二生命，無論遇到甚麼困難，都不會妥協。所以，這些人的個人品牌發展軌跡就像一條持續上升的 45°射線。誰不想擁有這迷人的射線？但支撐它不斷向前和不斷向上的三大核心支柱才是關鍵。

道德水平是核心

弄虛作假的事情如同被用力按進水底的木頭，遲早會有浮出水面的一天，到那時，以前辛辛苦苦建立的個人品牌都會付之東流。

持續不斷地輸出「內容」

對於企業而言，想要持續發展壯大，產品就需要持續創新，服務就需要不斷完善，否則追求性價比的客戶們很快就會「移情別戀」；對於個人而言，想要讓自己的個人品牌不斷地發展壯大，就需要持續輸出「內容」。對於不同職業，「內容」的含義也不同。對於教師，「內容」可能是一批又一批優秀的學生；對於醫生，「內容」可能是一台又一台成功的手術；對於作家，「內容」可能是一本又一本出色的作品；對於銷售，「內容」可能是一個又一個業務訂單……

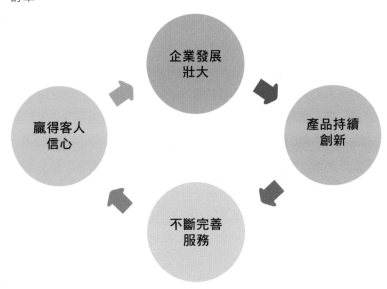

言行一致

經營個人品牌最大的獲益方是自己，同時，一旦經營不善，最大的受害者也是自己。個人品牌和個人言行是密切關聯的，誰都不可能左手抱着「勤奮」的品牌，右手幹着「偷懶」的事實；也不可

能一邊舉着「環保」的旗幟，一邊穿着皮草招搖過市。只有持續保持言行一致，才能更快、更穩地建立個人品牌。我相信讀出深意的讀者今後一定會像守護第二生命一樣保衛自己的個人品牌。

◯ 如何持續打造職場競爭力 ◯

「如何脫穎而出」的問題不僅僅局限於職場新人，無論你晉升到組織中的哪個職級，這個問題都會重複出現，而且難度會越來越大，因為你的競爭者也越來越優秀。對於這個問題，我曾多次與資深的人力資源專家們探討。

利用「暈輪效應」

「暈輪效應」是一個心理學概念，意思是説，當我們對一個人的某些特徵形成既定印象時，會基於這種主觀感受對他的其他品行特徵進行推斷。換句話說，我們很容易犯「以偏概全」的錯誤。比如，我們會認為留短髮的女性工作效率更高，穿運動衣的男性更熱衷於鍛煉身體，等等。所以，對於我們來說，打造和自身職級相符的職業形象，是非常有必要的，無論是服裝、配飾、髮型，還是妝容，這是塑造個人品牌最快捷的方法。

關注每位同事，明確自身的核心優勢

健康的組織往往鼓勵同事之間的良性競爭。知己知彼，方能百戰不殆。你需要盡最大的努力去了解同事，因為他們既是你的合作夥伴，也是你的競爭對手。全面了解才能實現默契的配合，才可能從中發現自身的競爭優勢。只有與眾不同，才能被人識別。

始終呈現積極、理性的精神狀態

你可能現在正被大量的工作淹沒，以致睡眠不足、疲憊不堪，但越是在這種情況下，你越需要注意調整自己的精神面貌，別讓除了自己的任何人接收你的負能量。一方面，同事沒有義務承受你的負能量，這是經營個人品牌的大忌；另一方面，萎靡的精神狀態往往會給人造成「力不從心、難當重任」的印象。

勝任本職工作

在其位，謀其政。當你說自己「懷才不遇」時，別人只會認為你「眼高手低」。勝任本職工作始終是每個職場人的立足之本，否則其他任何機會都將與你無關。而且要與上司建立緊密且友善的關係，如果可以，儘量多接觸並挖掘共同話題。當然，關係的建立需要一個過程，你首先需要維持與上司的緊密關係，比如每天向上司彙報你的工作進度，在上司生病時表示自己的關切，在部門面臨巨大工作壓力時表達願意多承擔的意願，在背後也表達對上司的欣賞和感激，等等。

◯ 脫穎而出的完美攻略 ◯

鎖定相對固定的穿衣風格

· · · · · · · ·

Joanna 是一家知名服裝公司的推銷員。入職沒多久，她就買了很多款式一樣的白色襯衣和黑色闊腿褲，還有配套的黑帽子、簡約風皮鞋和金色首飾。這樣的風格基調為她的職業形象加了分，讓

她節約了每天琢磨搭配衣服的時間，關鍵還贏得了公司上司對她的欣賞。她將黑白風進行到底，形成了獨有的風格。這樣的風格長期重複有效地刺激着老闆和同事的感官，讓大家對她印象深刻。她傾心研究國際大品牌的推廣邏輯，雖不是市場學系出身，卻成了公司裏最了解前沿信息的時尚達人。在加入這家公司 5 年後，她如願成為市場推廣部經理兼創意總監。

· · · · · · · · ·

《跟巴黎名媛學到的事》一書的作者珍妮弗·L·斯科特作為美國的一個年輕學生去法國做交換生，目睹了法國人的生活方式，深受影響。她回憶起第一次看見寄宿家庭給她安排的迷你獨立式衣櫥時，她內心感到的恐慌。但她很快了解到，這個家庭的每個成員都有很好的衣服，但也都用差不多只能掛 10 件衣物的衣櫥。他們喜歡重複替換，就那幾件衣服換來換去。她說，在巴黎，她仔細研究了只能裝下 10 件衣物的迷你衣櫥。在日常生活中，她觀察到法國人（比如她的教授、店主、來自波希米亞家庭的朋友等）大都重複地穿衣服，他們不覺得尷尬，而且氣派十足。在美國，要是一個人一週穿同樣的衣服兩次，他就會感到尷尬，更不要說一件衣服一週穿三次。而在法國，這完全不是問題。事實上，每個人都在這樣做！[1]

用審視的目光完善自己

法國香奈兒的品牌創始人加布里埃·香奈兒說過：「如果穿得不體面，人們記住的是衣服；如果穿得光彩照人，人們記住的是人。」

我們總是用欣賞的眼光看自己，用挑剔的眼光看別人。然而，你引以為傲的地方總是被別人忽略，你一時忽略的地方輕易就成了別人眼中的發現。所以，我們得用審視的目光看待自己，才能脫穎而出，贏得更多好運。

完美到極致的工作結果

· · · · · · · · ·

阿晴高中畢業後沒考上大學，加上兩個弟弟要讀書，父母便讓她直接打工。從 18 歲開始，她在一家美容院當助理，25 歲時被提拔為產品講師。她深知自己愚鈍，所以，為了當上產品講師，下了很多苦功。

· · · · · · · · ·

1. 手抄產品信息
   逐字逐句將每件產品的信息抄錄到筆記簿上，晚上睡覺前，捧着筆記簿背誦。她經常夢見那些瓶瓶罐罐牽起手來在她面前跳舞。

2. 購買網絡課程
   她看了很多美容方面的線上課程，一方面是為了豐富知識，另一方面是她也想學講課技巧。她自己也想變成那樣的講師，與別人分享美麗秘訣。

3. 重視日常護膚
   這些年，她雖然沒攢錢，但從沒虧待過自己的臉。每天的基礎護膚和日常保養工作，她都做得很認真，所以她的那張滿是膠原蛋白的臉格外漂亮，皮膚幾乎沒有瑕疵。

4. 製造機會練習

    阿晴喜歡給兩個室友護膚，她的手法讓人上癮，兩個室友對她公司的產品非常熟悉，也情有獨鍾。

5. 感受知識營銷

    經室友推薦，她為她們所在的兩家公司提供了免費的培訓。她現身説法地分享了自己使用產品的體會，竟賣出去不少產品，這讓她信心倍增。

阿晴因為擔任產品講師而感到欣喜若狂，很多同事卻抱怨連連（因為給經銷商的培訓是額外工作，不能影響原有的工作）。阿晴深知任何行業都得從零學起，不如就在美容業深耕。就這樣，阿晴逐漸成了公司的資深講師，她除了為經銷商培訓，還負責為新人提供入職培訓，甚至負責公司面向全國的招商會。

你不妨想像一個畫面：在五星級酒店最大的宴會廳裏，一場化妝品的新品發佈會正在進行。會場裏坐滿了身着華服的經銷商。先是一批身穿黑色燕尾服的男模走上舞台，男模完成產品展示後，全部退回到舞台的中央並站成一排。最後出場的是阿晴，她優雅自信地站在舞台的中央，手握咪高峰，自信坦蕩地展現着自己的美。

無論你擁有怎樣的起點，只要具備堅定的信念並持續努力，總能實現心中的夢想。事實勝於雄辯，阿晴做到了，她用近乎完美的工作成果征服了公司上司。現在她已是化妝品行業的熱門人物。要知道，運營一次成功的招商加盟會需要的是綜合能力，這更能為公司帶來相當豐厚的經濟收益。

苦練語言的影響力

　　日本知名電視人荒木真理子在其著作《10秒溝通》中結合 15 年的實戰經驗，分享了很多提升語言影響力的實用技巧，值得借鑒。她說：「多數人一旦緊張，就會萌生趕緊結束的潛意識，內心逐漸焦躁，頭腦飛速運轉。語速跟不上腦速，又擔心時間不夠，於是說話越來越快。說話的目的始終是『溝通』。『講故事』的節奏最適合表達，播音員播報新聞的目標是『每分鐘 300 字』，這是最便於傳遞信息的標準語速，連老人和小學生都可以聽清並理解。換算下來正好是『10 秒 50 字』[2]。」總之，簡短精練的語言和清晰的思路需要通過在實踐中反復演練來獲得，語言的影響力也只有在這個過程中才會得到加強。

1. ［美］珍妮弗・L. 斯科特 . 跟巴黎名媛學到的事 [M]. 馬穎，但功勤，譯 . 北京：中信出版社，2013：41.
2. ［日］荒木真理子 . 10 秒溝通 [M]. 孫律，譯 . 北京：北京聯合出版公司，2018：62.

Lesson 03 獲得上司認可的策略

人人都有驚人的潛力，要相信你自己的力量與青春，要不斷地告訴自己：萬事全賴於我。

——紀德

· · · · · · · · ·

　　27 歲的 Lucy 在一家廣告公司當社交平台小編，她自認為很有能力，但客戶的挑剔和上司的否定讓她越來越不自信。最近，她持續發燒卻加班完成了一個項目，而在公司的慶功會上，上司對她連句肯定的話都沒有。她很苦惱：為甚麼別人對她的努力總是視而不見？

· · · · · · · · ·

◖ 找機會展現你的核心競爭力 ◗

作為歌手，要想一舉成名，就得有自己的成名曲。作為打工仔，要想獲得上司的青睞，就得有代表性的業績，比如下列工作：上司不擅長的工作、其他同事不擅長的工作、其他同事都不願幹的工作、上司委派你的突發性工作、上司重視的工作……

個人的核心競爭力是指一個人所在的團隊中其他成員不具備或具備但遠弱於這個人的能力，讓這個人無可取代的就是他的核心競爭力。因此，核心競爭力沒有統一的模式，它因人而異，因境而變。通過展現自身的核心競爭力並獲得上司的青睞，可以參考如下做法。

1. 深入了解上司和同事們的情況，向他人學習的同時精進自己的突出優勢。

2. 梳理自己負責的工作，合理分配自己的精力並確保萬無一失。

3. 與其他各部門同事建立良好的關係並了解各部門工作的運作方式和主要內容。

4. 推廣自己的個人品牌，尋找展示自我的機會。

5. 當機會來臨時，不計報酬地付出努力並促成圓滿的工作結果。

彙報工作的技巧

賈森‧杰伊畢業於哈佛大學，現執教於麻省理工學院，也長期為世界 500 強企業的高管提供諮詢。他在《高難度溝通》一書中寫

道：「當談話不再是障礙時,一切就都有了可能。洛克希德·馬丁公司[1]的研發主管布倫特·西格爾曾表示:『我曾經反復跟公司副總裁提議改變一個大型項目的實施過程,結果談話陷入了僵局。在培訓課上,我意識到我在談話中表現得傲慢自大,不可一世。我決定讓自己靜下心來,開放胸懷,努力傾聽。就在當天,我跟他原定15分鐘的談話延長到了45分鐘,並且最終敲定了這件事。』」[2]由此可見,「如何彙報」和「彙報甚麼」同等重要。

精練語言,直奔主題

對於身體而言,甩掉贅肉才有完美的曲線;對於彙報工作而言,剔除廢話才能展現語言的魅力。麥肯錫公司有過一次慘痛的教訓。當時,他們在爭取為一家重要的公司做諮詢。按慣例,他們會先到該公司了解背景並做初步診斷,以此贏得信任,再簽訂合同。令人遺憾的是,在初次見面後,項目負責人在電梯裏偶遇了對方的董事長,董事長讓他簡單説説對此項目的看法和初步判斷,負責人卻沒能説明白。最終,麥肯錫公司錯失了這個項目。從此,麥肯錫公司要求員工凡事永遠直奔主題,在最短的時間內把工作説清楚。這就是商界流傳甚廣的「一分鐘電梯演講」。女性日常使用的詞彙量遠多於男性,所以更加需要注意彙報的簡練度、結構性和客觀性。

敢於斷言,避免模棱兩可

把兩邊的道理都照顧到的觀點不能叫「觀點」,畢竟任何事情都有兩面性。你説話總是模棱兩可,上司很可能會覺得你在浪費時間。開展工作時會涉及很多決策,任何決策都包含了失敗或成功兩種可能性。總是持有模棱兩可觀點的人做決策的時間必然更長,瞻前顧後的情形更嚴重。向上司彙報工作無非是呈現過去的某種情況

或為未來的某個決策提供信息，模棱兩可的觀點勢必會增加決策的難度。因此，在與上司溝通時要敢於斷言。但為了避免後續的不良影響，在斷言之後一定要立即給出論據做支撐。

讓數據幫你說話

在一段文字裏，數字很顯眼。在口語中，數字的特殊音頻也更吸引人的注意。

• • • • • • • •

Ida 是一位測試工程師，她的表達方式和自身形象一樣乾脆利落。年末將至，部門年度工作總結的任務又落到了她的身上。會議上，上司突然把彙報時間壓縮了一半。Ida 及時進行了調整，做了精練的彙報：「各位上司和同事，大家好！眾所周知，我們是軟件質量的把關人。在去年，我們完成了 138 個軟件系統的日常測試和質量控制，提出了 658 項改進意見，開展了 6 次工具學習培訓，編寫了 3 本測試案例手冊，編輯了 58 個測試文檔，並主導了公司所有客戶的系統功能需求設計。詳盡的數據在我的書面報告中都有體現，請大家多指正。總之，我們有信心完成明年的目標，更好地提升評審的科學性和測試的準確性。謝謝！」

• • • • • • • •

上司們在聽取報告時，通常有兩種偏好：一種上司喜歡「看」（視覺型上司），一種上司喜歡「聽」（聽覺型上司）。對於視覺型上司，你就算說得天花亂墜，也不如做一份內容翔實、結構嚴謹的書面報告；而對於聽覺型上司，出色的表達則會讓你脫穎而出。

很顯然，Ida 知道此次的彙報對象不止一位上司，所以她在書面和口頭彙報上都做了充分的準備。

◐ 完善自我是獲得上司青睞的捷徑 ◑

完善自我從他人的建議開始

讓我從一個心理實驗說起。這個實驗輻射了多所大學。工作人員問了學生兩個問題：

1. 如果下個月有一場公益捐款活動，所得款項將用來資助生病的孤兒，你會捐款嗎？如果會，你打算捐多少？

2. 你最了解的一位同學是誰？以你對他（或她）的了解，你覺得他（或她）會捐多少？

隨後，專家們得到了一組原始數據。到下個月，他們在這些大學裏組織了真實的公益捐款活動。於是，專家們又有了另一組數據。當他們把兩組數據做對照之後，專家們發現：

- 多數人高估了自己的道德水平，他們實際的捐款數額遠低於他們最初宣稱的數額。

- 多數人精準地估計了他們了解的那位同學捐款的數額，預判和實際捐款數額相差無幾。

由此可見，別人的建議就是完善自我的起點。尤其是我們身邊了解我們的人，當他們向我們提出意見或批評時，無論我們內心多

麼不愉快，都應該認真對待。從某種程度上說，一個人如何對待別人的意見和建議決定了這個人的高度。

接受終身成長理論，培養成長型思維

女性大腦比男性大腦發育早半年到一年，所以，女孩兒通常會在小學時代獨領風騷，不論是學習成績還是理解力。但在男孩兒的大腦逐漸發育健全後，女孩兒便失去了得天獨厚的優勢。如果女孩兒在這個階段沒得到正確的引導，就容易懷疑甚至否定自己。這和長跑比賽中的一個常識類似：在長跑比賽中，選手若沒有極強的心理素質，最好不要領跑，因為領跑要承受更大的心理壓力。在人生的賽道上，女性更需要提升自身的心理素質，而訓練成長型思維就是一個很好的辦法。

美國心理學家卡羅爾·德韋克在《終身成長》[3] 一書中指出：人與人之間的不同源於兩種不同的思維方式，即固定型思維和成長型思維，前者使人裹足不前，後者則驅人奮進。面對同一張難度極高的試卷，具備固定型思維的人可能會認為「這太難了，不公平」，而具備成長型思維的人則會認為「這太有意思了，正好挑戰一下」。一群人遭受工作上的失敗，具備固定型思維的人會認為「看來我的能力真的不行」，而具備成長型思維的人則會認為「看來我需要換一種思路」。總之，後者從不會因為失敗的經歷而否定自己，他們認為只要不斷努力，就會持續進步。

無論上司是甚麼性別、多大年紀，他（或她）一定很重視學習和成長，因為他們深知持續學習和終身成長的力量。如果上司發現你肯學習並樂於接受批評意見，自然會對你刮目相看。

成長型思維
樂於接受挑戰，不會因為失敗的經歷而否定自己

固定型思維
怨天尤人，會因為失敗的經歷而否定自己

辦公室誇誇群

誰都希望遇見值得自己信任的人，上司也不例外。實力或許會贏得上司的欣賞，但內在品質才能贏得上司的信任，比如，感恩之心、忠誠之意、欣賞之情、來自靈魂深處的敬重……你見過公司年會上同事們對上司的誇讚嗎？通常是下面的這些內容：

1. 老闆，今年的節目太有意思了，比電視台的節目還好看！

2. 老闆，你真是大手筆，春茗的規模一年比一年大！

3. 老闆，你的品味真好！

4. 老闆，你今年太有魄力了，一鼓作氣收購了三家公司！

5. 老闆，你剛才的發言真的讓我很激動！

可能你還會有很多不同的誇法，但所有這些都只能歸納為「有甚麼誇甚麼」的水平，對方聽完一笑而過，過後想想毫無意義，甚至會有反作用。比如你誇讚了上司的外形，但剛好你們性別不同，上司可能會以為你在暗示甚麼，隨即對你產生想法：如果他對你有意，可能會找機會回應你的暗示——而你可能會覺得那是騷擾；如果他對你無意，可能會避之不及——而你可能會覺得上司故意疏遠

你。再比如你誇讚了上司的一些管理決策，但其實你並沒有參與決策的過程，所以，有些上司會認為你沒資格評價。那麼，到底怎樣做才算是誇讚的高手呢？

其實，就是把「有甚麼誇甚麼」換成「要甚麼誇甚麼」。明白自己要的是甚麼，再實施「要甚麼誇甚麼」，效果就會完全不同。比如你需要上司進一步的支持，你就可以感謝上司對你的信任，把所有取得的工作成就歸功於上司的支持；比如你需要上司多一些關注，你就可以誇讚上司的善意，讓上司知道你對他的每一絲關愛都感懷在心……

修煉「誇誇群」的幾個注意事項

1. 明確你的內在訴求
   明確你要的是甚麼，這一點看似簡單，有些人卻想不明白。「要甚麼誇甚麼」的宗旨要求我們首先明白自己的溝通訴求，否則很容易淪為「想甚麼說甚麼」的一般水平。

2. 重複至少 10 次
   當我們聽到別人的誇讚時，第一反應通常是，那可能是因為對方心情好。所以，只有重複多次，才會讓人形成某種信念，認為自身的確具備了某種被誇讚的特質。只有多次重複，對方才會深信不疑。

3. 儘量變換誇讚的方式
   每次誇讚他人時，要儘量避免用重複的語言，否則不出三次，別人就會覺得不正常，或者形成你剛張嘴對方就想求饒的局面。這一點尤為重要，不過實施起來也不難，因為你所追求的溝通訴求必定是某種特質，而這種特質勢必會有多種表現形式。簡單來說，就是挖掘論據，讓對方無可辯駁，直到深信不疑。

運用「讚美誇誇群」的過程是為他人樹立某種信念的過程，某種信念一旦形成，後續的溝通就會變得易如反掌。在溝通之前要明確溝通目的，這樣才有可能最終實現溝通目的，這是提升溝通能力的必要前提。完善自我包括提升溝通能力，這樣的溝通技巧也能助你輕鬆獲得上司的青睞。

嘗試站在上司的角度看問題

吸引人們加入一家企業的原因總是千奇百怪的，但讓人們想要離開一家企業的原因卻千篇一律——與直屬上司有關。贏得上司重視和欣賞的原因，絕不單純是勝任工作。除此之外，還有與同事關係融洽、工作態度勤懇、為人熱情和善。最重要的是與上司之間擁有融洽的關係，這一點應得到每個人的高度重視。

積極嘗試並適應上司的溝通方式

每個人在潛意識裏都更偏愛和自己相似的人。人與人之間存在相似性效應，比如國籍、同姓的人、校友、同一個酒店或美容院的會員。你總能找到或創造某種和上司相似的地方，進而獲得上司的關注。

「現代管理學之父」彼得・德魯克在《卓有成效的管理者》一書中談到了「如何管理上司」的話題，他說：「運用上司的長處，也是下屬工作卓有成效的關鍵……不能靠唯命是從，應該從正確的事情着手，並以上司能夠接受的方式向其提出建議……有效的管理者知道他的上司也是人，所以也知道他的上司一定自有一套有效的方式，他會設法探尋出上司的這套方式。所謂方式，也許只是某種

態度和某種習慣，但這些態度和習慣卻是客觀存在的。」[4] 所以，留意上司的行為特徵並嘗試趨同是獲得上司青睞的技巧之一。

用上司的思維方式看問題

十幾年前，我曾經見過一位主管被他的總經理責罵，雖然他們二人當時都在總經理辦公室裏，門也關着，但因為責罵聲太大，所以站在外面的人都聽得清清楚楚。過了很久之後，那位被責罵的主管出來了，面紅耳赤的他徑直走向飲水機，給總經理倒了杯水又進去，我們聽見他對總經理說：「你先喝杯水再接着說！」我們聽完就很詫異，我心底對這位主管也十分佩服。因為一般人被責罵後，滿腦子都會想自己顏面無存或受了委屈，他卻能用總經理的思維方式看問題，真是難得。

事後我問他：「難道你心裏就沒有怨恨嗎？」他平靜地說：「沒有，因為我學歷不高，當時是總經理把我招進來的，我心裏一直都很感激他。再說，哪有不被上司罵的員工，他罵我說明他內心對我的期待值很高，肯定是我讓他失望了。」聽完他的一席話，我才真正明白他為何能做到不卑不亢。

我們在與上司溝通時，不要太在意自己的情緒，而要充分地站在上司的角度看問題。上司也會在和我們溝通的過程中觀察我們的態度。通常來講，上司很在意我們的能力，但更在意我們的態度，一個肯學肯改、不斷進步的人總能獲得上司的青睞。換位思考是在與上司溝通時最需要做的事。

我發現身邊有這樣一種現象：有過創業經歷的人一旦再度返回職場，往往能與上司溝通順暢。這是為甚麼呢？我問過我身邊幾位

嘗試創業但失敗的朋友，他們的説法竟然出奇地一致：我要是上司，我也會這麼做！

換位思考不但很重要，而且很難，尤其是在我們沒有對方的經歷和氣量時。

1. 很多人在工作中只把自己當成是執行命令的人，很少會主動思考問題。尤其是自己的上司愛指責和點評下屬時，我們更容易回避並慢慢形成「不求有功，但求無過」的心理。殊不知這種心理限制着人的成長，也拉大了自己和機會的距離。

2. 我們要把自己當成問題的最後一道屏障。遇到問題首先想到的不是向上反映，而是去積極地尋找解決方案。這樣一來，問題就能變成機會。在你權限範圍以外的事情，你如果可以連同問題和解決方案一起彙報，一定能讓上司刮目相看，甚至對你委以重任。

3. 最後，當我們試着問自己幾個問題時，就會發現，我們認為的那點壓力和上司的壓力相比，真是不值一提，甚至這種反思過程還可以起到一定的減壓作用。比如：如何完成公司交給我所在部門的年度任務？如何才能讓部門的人員配置更加合理和高效？如何才能與相關業務部門建立更密切的合作關係？我所在部門最核心的競爭力是甚麼？

提升你的境界與目標

你見過為爭堅果而互鬥的松鼠嗎？看它們爭得不可開交，我們會覺得很好笑。其實，上司看我們與同事間的爭鬥時也會有類似的感受。發生衝突的雙方的水平是相當的，至少在外人看來是這樣的。

所以，提升自身格局，具備和上司對話的思想境界和見識，才有可能改善上司對你的印象。

最後，我想說，不要因為上司的忽視而苦悶，因為你在獲得上司的青睞之前，需要加緊提升業務水平，積蓄更多的正能量。一旦上司青睞於你，你卻無法持續做出讓上司滿意的工作成績，那將會讓上司失望和痛心，並可能永遠失去對你的信任和欣賞。所以，以平常心看待這件事，以最高效的執行力按照本篇的建議做準備吧！

1. 洛克希德・馬丁公司，Lockheed Martin Space Systems Company，簡稱 LMT，世界級的軍工企業。
2. [美]賈森・杰伊. 高難度溝通[M]. 美同，譯. 北京：中國友誼出版公司，2017：139.
3. [美]卡羅爾・德韋克. 終身成長[M]. 楚褘楠，譯. 南昌：江西人民出版社，2017.
4. [美]彼得・德魯克. 卓有成效的管理者[M]. 許是祥，譯. 北京：機械工業出版社，2011：90—91.

Lesson 04 壓不倒你的便你更強大

在年輕的頸項上，沒有甚麼東西能比事業心這顆燦爛的寶珠更迷人的了。

——哈菲茲

· · · · · · · · ·

　　Sophia 是一家大型諮詢機構的市場運營主管。她喜歡這份工作，因為她有機會接觸前沿的管理難題，更能學到頂尖的管理理念。美中不足的是，她經常要出差，而且經常出一趟門要輾轉好幾個城市。最近她想參加一個權威的國際認證考試，公司卻臨時安排她出差。她感覺很崩潰，有一種失控感。她想過要辭職，但迫於生存壓力和對下一次擇業的恐懼，只得繼續工作，最後她變得滿腹牢騷、散漫拖沓。

· · · · · · · · ·

◎ 為甚麼你總有那麼多突發性工作？ ◎

不善於制訂計劃

一些人在工作中經常抱怨「計劃趕不上變化」，其實在抱怨之前，應該先把計劃拿出來好好分析一下。很多人之所以有此感受，是因為他的計劃裏根本沒有包含變化。雖然大家的能力有高低之分，但大家擁有的時間總量一樣多。時間是我們擁有的切實資本之一，要想在工作中遊刃有餘，就必須學會制訂計劃。

而制訂計劃的難點主要在兩方面：一是對每項工作重要與否的認知，二是對可供自己自由支配的時間多少的預估。突發性工作本身不是問題，問題是出現了大量的突發性工作，後者勢必讓人產生失控感（當然，秘書和助理類的工作除外，因為這類崗位的工作內容本身就是圍繞上司的工作展開，幾乎所有工作都是突發性的，因此非常鍛煉人）。多數工作崗位的突發性工作只需要稍加留意就可以預估。要了解每天的工作時間中有多少時間是可以用來提前計劃的，預留一部分時間，就不怕突發性工作的出現了。這是突發性工作到來之前，我們唯一可以做的準備工作。

◎ 與上司相關的三種原因 ◎

疏於和上司溝通

當上司無法掌握我們的工作進度和飽和度時，就會出現突發性工作。我們換位思考一下，這個原因就很容易理解了。上司通常想要對下屬的工作情況全盤掌控，但下屬人數眾多、部門工作壓力較大或自身精力不允許時，上司便會退而求其次，即只要每個人看上

去很忙碌就好（至少會安心一些）。因此，疏於溝通是導致大量突發性工作產生的重要原因之一。

上司的某種心結

人的內心複雜多變，人際關係更是紛繁複雜。上司也是人，他心裏也會出現某種心結，導致其做出故意刁難下屬、考驗下屬或依賴下屬的行為。想要擁有心儀的工作節奏，就需要付出一部分時間和精力與上司建立良好的關係。今天和你無話不談的同事明天就可能是你的上司，職級變化難免會對原有的關係產生衝擊；一向溫和灑脱的上司可能因為私人的原因不得不暫時離開，所以他很可能一夜之間變得敏感、挑剔，因為他要選擇忠誠且務實的接班人；一些滿足現狀的上司可能把重心放在了家庭上，所以會給自己信任的下屬分配超負荷的工作內容。面對大量突發性工作，我們只有了解上司的心結，才能找到解決問題的辦法。

上司的管理風格所致

有些上司朝令夕改，這就害慘了那些乖巧的下屬；有些上司疑心很重，經常讓多個人完成同一項工作，導致大家浪費過多的時間和精力，積壓大量工作；有些上司完全放手，也給了下屬們成長的空間，但下屬成員之間缺乏默契，也會導致既定成本的產生，使大量工作積壓……不同的性格會形成不同的上司風格，但我們不該挑剔上司，而要悉心了解和分析上司的管理風格，努力適應。

工作面臨的客觀市場行情

受全球金融市場和網絡科技的影響，很多行業都面臨着格局的調整和空前的競爭。很多職場人所要承擔的工作量和所需掌握的技

能也與日俱增。但從宏觀發展的角度來看，這是一件正常且有利的事情。我們的物質水平逐漸提升，醫療條件越來越好，生活半徑越來越大，視野也越來越開闊，我們所需承受的工作壓力也會增加。這是客觀事實，我們無力改變。即使你只想保持現狀，也需要非常努力，因為逆水行舟，不進則退。

◯ 如何處理突發工作？ ◯

勤於彙報

適用情境：疏於溝通，所以上司不清楚下屬的工作狀態。

很少有上司以某位下屬為中心，並對其具體工作的各種細節了如指掌。很多人知道勤於彙報的重要性，但每次見了上司，內心卻很抵觸。有些人不屑於和上司親近，總擔心同事會說自己溜須拍馬；有些人不自信，總覺得言多必失，不如保持距離。其實，採用網絡手段及時向上司彙報不失為一個適宜的方法，彙報的重點是工作進度和飽和度。

彙報工作進度是為了避免被上司催促，彙報工作飽和度是為了避免上司給你安排更多突發性工作。尤其對於那些關注細節、事必躬親的上司，一定要多彙報。有些上司因為沒真正掌控你的工作，總覺得下屬在混時間，所以才會給下屬指派各種突發性工作，讓下屬忙碌不堪。

日本知名廣告人川上徹也在《一言力》一書中談到了「語言肥胖症」。他說：「有必要對語言進行一次徹底的瘦身了。」書中提到京都大學研究生院下田宏教授的一個研究成果：「人類在不轉動

眼球的情況下，能夠一次性辨認的文字數為 9 ～ 13 個。無論文字是從左到右，還是從上到下，對研究結果都沒有影響。」[1] 享譽全球的管理大師肯・布蘭佳和克萊爾・迪亞茲 — 奧爾蒂斯也在《一分鐘導師》中說：「我們會發現我們曾接受過的最好建議，以及我們所給出的最好建議往往都少於一分鐘。換句話說，真正實用的、帶來改變的建議不會又長又煩瑣，它們總是短而有意義，且富有洞見。」[2]

借助日程表

適用情境：工作量超負荷。

每個優秀的管理人都有日程表情結，他們深知計劃的本質（計劃一旦被制訂，就註定要被隨時更改）。當然，要更改的是方式方法，結果總是不變的。下次見上司時，你不妨帶上你的計劃。如果上司給你分派突發性工作，你就拿出日程表給上司看，和上司溝通如何調整手頭的工作。每項工作都有截止日期，當工作量無法減少時，爭取延遲一些工作的截止日期也會輕鬆些。

轉授他人

適用情境：上司故意刁難，但工作內容毫無挑戰性。

有時候，你會感覺上司在故意刁難自己。無論是故意刁難，還是存心考驗，上司一定在等着看你的表現。所以，只要把工作完成就行，至於你如何完成，沒必要讓上司知道。比如你可以轉授他人。你或許會想，轉授他人哪那麼容易？別人憑甚麼幫我？

能否順利授權與你是不是上司沒有直接關係，很多上司都因下屬陽奉陰違而苦惱，也有很多普通員工為自己營造了一個「通達」的局面，這取決於你的社會資本[3]。美國 FBI（聯邦調查局）前特工杰克‧謝弗和普林斯頓大學心理學博士馬文‧卡林斯合作完成的《像間諜一樣觀察》一書中談到了「互惠法則」：「互惠法則」是社會規範，也是一種很有效的交友工具。「當你對別人微笑時，對方會覺得有義務回報以微笑。微笑表示接受和喜歡。人們喜歡被別人喜歡。一旦你意識到對方喜歡自己，就會觸發互惠原則。一旦人們發現自己被某人喜歡，就會覺得對方更有吸引力⋯⋯下次有人感謝你幫忙時，別說『不客氣』，而要說『我知道你也會這麼幫我的』。這種回應能激發互惠行為。」[4] 所以，經常想想自己能幫別人甚麼忙，在不影響工作的前提下伸出援手，在你自己有難題時，自然就更容易解決。

巧妙示弱

適用情境：上司故意刁難，但工作難度超乎想像。

在某種程度上，我們可以給那些故意刁難下屬的上司貼上「心胸不夠開闊」的標籤。面對這種情況，我們需要學會示弱（逞強或對抗都無法從根本上解決問題）。適當的工作難度可以激發人的動力和潛能，但挑戰超過一定的限度，人就會感受到壓迫和無力。那麼，向上司坦言總比耽誤工作好。

另外，上司可能需要獲得某種程度的優越感，比如家庭背景、婚姻狀況、自身條件等，而你可能剛好在這些方面比上司好，這時候，你也需要巧妙示弱。有缺點的人更真實，也更可愛，不是嗎？

適當拖延

適用情境：上司習慣朝令夕改。

衝動和執行力強並不是一個概念，聽風就是雨的人不懂得給自己留出思考的時間。工作需要用力，更需要用心，謀定而後動，才是執行力的正解。了解每項工作的截止日期並進行最優籌劃是管理者應具備的能力之一。我們面對每項工作時，頭腦裏冒出來的第一個問題絕對不應該是「如何把它完成好」，而應該是「如果這項工作完不成，我將面臨甚麼後果」。後面的這個問題是在幫我們分析工作的重要性。你只有處理了重要的事情，才能變成重要的人。

梳理總結

適用情境：你足夠優秀，上司對你無比信任。

· · · · · · · · ·

Theresa 是一家大型設備生產廠的銷售員，生性散漫的她不喜歡帶團隊，但基於多年銷售工作的積累，她擁有一定數量的客戶群，因此她有很多自由的時間可以兼顧家庭。從去年開始，企業的高層由於某種原因進行了一輪調整，她的直接上司也被調離崗位，新任上司比之前的上司年輕許多。這一年多以來，Theresa 感覺很疲憊，因為新任上司給她分派了很多零散性的工作。最近讓她抓狂的是新任上司竟然給她配了一個助理，而這位助理非但沒有絲毫經驗，還根本支使不動。可她又是新任上司的外甥女……

· · · · · · · · ·

Theresa 的這種煩惱其實是幸福的煩惱，因為她已經贏得了職業發展最有力的底牌——上司的認可。很顯然，Theresa 原來的上司向新任上司交代過她的情況，所以新任上司才會想要充分發揮她的能量，更是把自己的親戚安排給她，想要「偷師」。或許 Theresa 很享受之前的工作狀態，不想擔任管理職務，但那一身的經驗和豐厚的資源怎麼可能被上司忽視。於是她決定，不如調整心態，趁勢將自己的經驗集結整理，提升自己的影響力，然後與上司來一次深度溝通，表明自己的職業發展目標，上司也就無話可說了。

如果你也有類似的苦惱，不妨留心回顧一下上司與你之間的關係，審視一下自己手頭的工作，其中是否包含了上司的私事——這通常是一個信號：能把私事交給你的人，必定是信任你的人。所以，是時候培養你自己的接班人了。能者多勞，至少你在上司心目中堪當重任。唯一的禁忌是：你需要放開胸懷，別指望抱着自己的經驗和能力永遠高枕無憂，更別擔心教會了別人後自己會被取代。經驗通常是有期限的，過時的經驗往往會限制人的思維，及時總結的經驗才更有參考價值。

◯ 換個角度看待所有苦難 ◯

小心「心理防禦機制」騙了你

人天生是趨利避害的。面對意料之外的情形，人的第一反應通常是抗拒，這屬於人的「心理防禦機制」。但我們不得不承認，正是過去的那些困難和挑戰鍛煉了我們，讓我們擁有了現在的成就。所以，別讓這種天然的「心理防禦機制」騙了你。人類之所以有別於動物，就是因為人能意識到並會避免這種原始的心理反應。接納並擁抱苦難，才能讓自己得到長足的發展。

把你的負擔變成禮物

印度著名詩人泰戈爾說過：你的負擔將變成禮物，你受的苦將照亮你的路。

加拿大暢銷書作家尼爾·帕斯理查原本是一個普通的上班族，每日掙扎在客觀壓力和主觀焦慮當中。他經歷了兩次婚姻的破滅，以及摯友跳樓自殺帶來的思想衝擊。在幾近絕望後，他重新理解了生活。他創立了全球第一個記錄美好生活的個人網站，獲得了無數人的關注和傳播，其著作《生命中最美好的事都是免費的》在出版後也獲得了被譽為互聯網奧斯卡之稱的威比獎（The Webby Awards）最佳博客獎，他也被稱為「世界上最幸福的人」。

莫里教授的生命之光

莫里是一位真誠、幽默又博學的老教授，他熱愛跳舞，更愛他的學生。但他因患肌萎縮側索硬化症[5]，不得不面對生命即將終結的厄運。這種病如同一根蠟燭，不斷使人的神經「熔化」，使軀體最後變成一堆蠟油。莫里不甘心就這樣悄無聲息地死去，他決定勇敢地面對死亡。他和他的學生——美國專欄作家米奇·阿爾博姆相約每週二暢談感想，無論病痛多麼彪悍，他都堅持到了最後。米奇·阿爾博姆整理出版的書籍《最後14堂星期二的課》讓我們有幸了解到一個「將死之人」的思想和感受，更學習了其樂觀的精神和生活的智慧。莫里的生命之光照亮了全世界。

突發性工作的益處

當你為大量突發性工作煩惱時，你的職業發展卻因此而柳暗花明。

Tracy 原本只是一位默默無聞的銷售員，她沒有甚麼社會資源和銷售經驗，但技術研發出身的她具備強烈的工作動機：父親的公司負債累累，而且父親生命垂危，她無法繼續從事技術研發工作，必須更換到銷售崗位，才有可能大幅提升收入。Tracy 每天上午要打上百個電話尋找意向客戶，下午需要積極配合銷售部的同事與客戶溝通與技術相關的事宜。雖然幾個月下來她依然一無所獲，但她的工作態度得到了大家的認可。Tracy 的部門上司因為女兒生病，臨時將一個重要投標項目的技術協調工作委託給她，她完成得非常好。董事長發現，一向強勢挑剔的銷售部上司，竟然對一個銷售員連口稱讚，便將一個意向客戶委託 Tracy 負責，而 Tracy 不辱使命。不到半年，Tracy 就簽下了第一個項目，而該項目的提成比她一年的收入還高。

　　阿芯是一家婚禮策劃公司的項目主管，她身邊的朋友都很羨慕她，因為她的工作就是面對婚期將至的新人、穿梭於浪漫的婚禮中並見證美好的愛情，但只有她自己知道，作為婚禮策劃公司的項目主管意味着要操持多少煩瑣的細節、關注多少敏感細膩的關係。半年前，公司內部開始推行合夥人模式，她便第一個申請成為公司的合夥人。雖然公司高層略感驚訝，但她的同事們並不意外，因為她在平日裏的工作中早就習慣了處理各種突發性工作，同事們有問題也習慣向她求助。這也可能是性格的原因——她一向古道熱腸。阿芯對於自己統籌安排時間的能力非常自信，她慶幸公司推行這種制度，能者多勞，多勞多得。

法國作家米蘭·昆德拉在其著作《不能承受的生命之輕》中這樣說道：「從現在起，我開始謹慎地選擇我的生活，我不再輕易讓自己迷失在各種誘惑裏。我心中已經聽到來自遠方的呼喚，再不需要回過頭去關心身後的種種是非與議論。我已無暇顧及過去，我要向前走。」Tracy 懂得發揮自己的優勢，並且圓滿地完成了上司和同事委託的突發性工作，才獲得了董事長的青睞。無論自己多忙，阿芯也願意幫助同事。通過那些突發性工作，阿芯也提升了自身的能力，也才擁有了異於常人的魄力，成為公司的第一個合夥人。他人委託你做事時，其實也給了你一把鑰匙，而這把鑰匙有可能會開啟你生命中嶄新的歷程。

1. [日] 川上徹也 . 一言力 [M]. 王雨奇，譯 . 北京：北京聯合出版公司，2017：前言第 17 頁 .
2. [美] 肯·布蘭佳，[美] 克萊爾·迪亞茲－奧爾蒂斯 . 一分鐘導師 [M]. 張子奕，譯 . 北京：中信出版社，2018：V.
3. 社會資本指個體或團體之間的相互關聯，社會網絡、互惠性規範和由此產生的信任，是人們在社會結構中所處的位置，給他們帶來的資源。
4. [美] 杰克·謝弗，[美] 馬文·卡林斯 . 像間諜一樣觀察 [M]. 譚永樂，譯 . 北京：中信出版社，2019：108—109.
5. 肌萎縮側索硬化症（Amyotrophic Lateral Sclerosis，ALS），即漸凍人症，是一種神經退行性疾病。

Lesson 05 應對各階段的力不從心

我們常常聽人說，人們因工作過度而垮下來，
但是實際上十有八九是因為飽受擔憂或焦慮的折磨。

——盧伯克

· · · · · · · ·

　　室內設計專業應屆畢業生安安，在一家室內設計公司擔任設計助理。入職後，她發現無論是軟件操作的技巧，還是與工作相關的業務知識，學校所學和工作實際要求都有很大落差，尤其是和從業經驗豐富的老同事相比，她感到有些自卑和不安。後來她努力調整了狀態，並很快通過切實的行動脫穎而出。

後來，安安全身心地投入工作：她反復推敲自己負責戶型的格局，並多次實地測量（以至於她對每個空間的尺寸都如數家珍）；她對不同的材料配色都製作了效果圖（這樣便於甲方有更直觀的認識）；她和一位經驗豐富的女同事關係日漸親密，從前輩那裏學到了很多經驗。在一場有上司出席的初步方案研討會上，安安扎實的準備贏得了甲方的欣賞，上司自然也對安安有了更多關注。

· · · · · · · ·

快速適應新工作的四條建議

積極心理學領域的先鋒實踐者肖恩·埃科爾在其著作《快樂競爭力》[1] 中說：「心理學家發現，在生產率、快樂和健康上的收穫與我們實際擁有多少控制力關係不大，而更多地與我們認為擁有多少控制力有關。那些工作和生活中最成功的人擁有『內控點』，即相信他們的行為對結果有直接影響，而那些有『外控點』的人更可能將各種事件視為由外部力量所決定。」

鎖定一位經驗較豐富且性格和善的同事，多向對方請教。

抓住每次與相關部門的同事建立友誼的機會，吸收更多、更全面的信息。

全身心對待工作，不失時機地展示自己。

勤能補拙，要不吝嗇加班，用時間彌補工作效率低的弱勢。

雖然誰都會經歷新人期的迷茫，但這往往也是進步最大、吸收信息速度最快的階段。在感到力不從心的同時，只要不斷努力，成長就指日可待。

職場中的力不從心

• • • • • • • • •

Yvonne 是一家食品代理公司的商務代表，起初她對自己的待遇和公司環境都很滿意。但自從孩子出生以後，她日漸感到力不從心，因為家離公司太遠，她又經常出差，而且她和婆婆的關係也開始有些緊張。有一次，她請假帶兒子去看病，公司出現緊急事務，老闆便安排一位新員工代替她出差去談合同。這位新員工到公司不足半年，但很勤奮，也很討人喜歡。對此安排，Yvonne 無話可說，內心卻隱隱感到了危機……不久之後，Yvonne 的婆婆突然生病了，這促使她開始採取行動，那份隱憂在行動之後也終於得到化解。她主動和上司進行了溝通，提出想要擔當新人導師的意願。上司給予了大力支持。她不再出差，將部分精力用於總結工作經驗並分享給新人。她開始學習英語網絡課程，便於後續能直接和國際品牌食品商進行談判。她購買了一些有聲書，充分利用了上下班路上的時間。婆婆的病因為搶救及時並無大礙，忙亂之後的她才知道婆婆的重要性，所以她開始真心地感恩老人家，並儘量避免雙方出現無謂的爭執。

• • • • • • • • •

三個小建議

職業幸福感的來源包括優越的環境、不斷拓展的眼界、潛能的釋放、職位的升遷、收入的增長和社會的認可。當這些因素在幾年當中都沒有改變時，人就很容易會滋生消極情緒。所以，針對這種情況，我們需要從以下措施入手，調整自身的狀態。

1. 主動與上司溝通，申請部分工作內容的調換或嘗試在工作中接受更大的挑戰。

2. 向專業人士諮詢，制訂合適的學習計劃，提升自身能力，迎接實際挑戰。

3. 尋找導師或閱讀書籍，從其他人成長的故事中汲取智慧和精神養分。

跨行業跳槽

· · · · · · · ·

Ashley 在一家廣告公司工作幾年後，總覺得應該深入企業的實際管理，便抓住機會，跳槽到了一家製造業公司工作，擔任品牌推廣部經理。來新公司上班沒兩週，Ashley 就發現了很多問題。這家公司是典型的家族企業，財務部、人力資源部和行政部的上司是老闆的親戚，這些人不僅不懂品牌推廣，也不重視品牌推廣。Ashley 發現自己根本無法深入了解公司的內部運作，雖然她在開會時提出的一些初步想法能得到大家一致同意，但散會後，根本沒人配合她。

老闆看上去是支持她的，但私下卻告訴她不能影響公司的士氣與和諧，既然大家在會上都同意了，工作如何推進，就要看 Ashley 自己了。總之，她覺得自己就像一滴油，一不小心滴入一盆清水之中：根本無法融入，更無從開展工作，有心無力。

· · · · · · · · ·

美國作家彼得‧C‧布朗、亨利‧L‧羅迪格三世和馬克‧A‧麥克丹尼爾在《認知天性──讓學習輕而易舉的心理學規律》一書中強調「欲求新知，先忘舊事」，他說：「學習新知識有時候就是要忘掉一些東西，這一點很難理解，但又非常重要……跳傘學校的培訓也是一個例子。從軍隊退役後，不少傘兵想當一名跳傘消防員。和軍隊相比，跳傘消防員搭乘的飛機不同、設備不同，跳傘規則也不一樣。在軍隊接受過跳傘培訓其實是跳傘消防員的一大劣勢，因為你必須得忘掉已經成為條件反射的跳傘程序，用新知識替換舊知識。雖然在外行人眼裏，這兩項工作都是背着降落傘從飛機上跳下來，沒甚麼區別。但是，只要是想學習新知識，你就必須忘記與複雜舊知識相關聯的線索。」[2]

對於 Ashley 的苦惱，相信跨行業跳槽的人會有共鳴。她從未做過實體公司的企劃工作，只是站在廣告公司的角度上理解企業運作，所以會感到獨木難支。要想真正幫助公司提升知名度和美譽度，她就必須沉下心來，了解公司的方方面面，更新原有的知識架構，逐步贏得公司管理層的信任。

首先，她必須調整心態。跨行業跳槽通常會有一段「清閒期」，要多觀察、勤學習，為後續的融入和發展搜集信息、積累人脈。其次，她應該適當利用老闆的威信，從最有把握的小計劃開始，做出一些讓大家有目共睹的業績。最後，人體存在「排異反應」，組織

中也會有類似現象，即排斥新人。大家的觀望態度或陽奉陰違一定是暫時的，她要學會隱忍，提升情商，才會收穫職業幸福感。

心情不好導致的連鎖反應

如果人的心情不好，大腦就會變得遲鈍，脾氣也容易變得執拗，遇事時思想就容易偏激，比如：

1. 容易和同事或上司產生衝突（置和諧的工作關係於不顧）。
2. 容易衝動，甚至和客戶翻臉或向老闆辭職（置自身的收入和發展於不顧）。
3. 容易滋生放縱的行為，比如暴飲暴食、熬夜等（置身材與形象於不顧）。

就讓壞心情停留在壞心情的層面

積極心理學的奠基人之一埃倫‧蘭格在其著作《專念：積極心理學的力量》中說：「人們總是不遺餘力地消除那些讓人感到不快的想法，但要搞清楚的是，這些痛苦並非源自專念意識的狀態，而是源自對於痛苦事件的膚淺認識。如果大家從全新的角度來審視這些事情，那麼相關的痛苦就更容易被驅散……實際上，在面對重壓的時候，從多個角度進行思考更有助於減壓。」[3]

生活是一篇華麗的樂章，總有低音和高音。當心情不好時，嘗試調整心態的任何方法都可以起作用，但千萬別讓自己的負面想法付諸行動，就讓它停留在壞心情的層面，別讓它毀了所有。

對於舒緩壞心情，最行之有效的方法首先是全盤接受它，然後

用心去感受它，看它反應在你自己身體的每個部位時是怎樣的一種感受，並結合緩慢有力的呼吸進行內觀。很快你就會發現，壞心情就像一朵輕飄飄的雲，會快速飄過你的世界，不知所蹤。

總之，當你感覺工作力不從心的時候，一定要重視並遵循以下步驟進行自我調適。每個職場人士或多或少都會經歷這種感受，但真正壓垮我們的不是工作本身，而是長久忽視這一現象最終導致的心理崩潰。

1. 審視自己的身體狀態，如果是身體健康方面的原因，一定要積極調整或治療。

2. 記錄你的情緒日記，至少堅持一週，包括你內心的感受和引發這種感受的事由。

3. 對引發你力不從心的所有事由進行梳理，並將其分成兩類，即可控與不可控。

4. 對於不可控的事由，努力換個角度思考，因為萬事都有兩面性，試着朝積極的方面去想。

5. 對於可控事由，積極制訂計劃，全力改變，要相信事在人為。

在此過程中，可以隨時向自己信任的良師益友傾訴，不要奢望能聽到多麼專業的意見和建議，傾訴本身就是最好的舒緩壓力的方式。

1. ［美］肖恩・埃科爾．快樂競爭力［M］．師冬平，譯．北京：中國人民大學出版社，2012.
2. ［美］彼得・C.布朗，［美］亨利・L.羅迪格三世，［美］馬克・A.麥克丹尼爾．認知天性——讓學習輕而易舉的心理學規律［M］．鄧峰，譯．北京：中信出版社，2018：85.
3. ［美］埃倫・蘭格．專念：積極心理學的力量［M］．王佳藝，譯．杭州：浙江人民出版社，2012：194.

Lesson 06 | 找準職業路線實現連級跳

鬥爭的生活使你幹練，苦悶的煎熬使你醇化，
這是時代要造成青年為能擔負歷史使命的兩件法寶。

——茅盾

· · · · · · · ·

　　Lily 在副學士課程畢業後，在一間物流公司當文員，每天只是整理資料、接聽電話，從來不用加班工作，工作雖然輕鬆，卻很單調，人工也不高。在 6 年的時間裏，乏味的工作和沉悶的環境讓她變得麻木。雖然還不到 30 歲，但她經常覺得自己的一輩子也就這樣了。

· · · · · · · ·

◯ 乏味的工作或惡劣的環境會導致「腦死亡」◯

《環境與職業醫學》雜誌[1]曾經發表了一項研究：長期單調無聊的工作或惡劣的工作環境會對人類步入老年後的認知產生不良影響。該研究由美國佛羅里達州立大學的約瑟夫·格日瓦奇博士主持。

長期面對乏味的工作，大腦接受的刺激會越來越少，這會導致神經的衰亡和某些區域功能的下降，如學習新技能、統籌時間、集中注意力等能力。同時，記憶力也會下降，女性在這方面的表現尤為突出。約瑟夫說：「大腦的諸多功能就像肌肉，如果不經常鍛煉，就會慢慢消失。」

長期從事乏味的工作 ▶ 大腦接受的刺激越來越少 ▶ 大腦神經衰亡 ▶ 記憶力、集中力、注意力下降

惡劣的工作環境對人的認知能力有長期影響。認知能力是指人腦加工、儲存和提取信息的能力，即人對事物的構成和性能的把握能力，是人順利完成各項活動的心理條件。約瑟夫說：「為了員工的長期健康，工作環境必須不斷得到改進。」

◯ 女性的職業定位 ◯

重新回到起點進行反思

很多人在求職階段茫然無措，四處撒網，有面試機會就去，最後在不多的機會裏挑選一個。一段時間後，又發覺這份工作並不是

自己想要的……

如果你發覺自己不再成長，並且對未來感到擔憂，你就需要重新回到起點反思：我要的到底是甚麼？這就是我想要的生活嗎？

哥倫比亞大學商學院教授希娜·艾揚格在其著作《選擇──為甚麼我選的不是我要的》中強調「選擇是尋找自我的過程」，她説：「我們在平衡個性與選擇這個問題上面臨挑戰，就是因為選擇不是簡單的個人行為，而是一種社會行為，是在社會各種力量間尋求平衡。也正因為如此，選擇要求我們更深層地，既從自我認知的角度，又從他人感知的角度思考我們是誰。」[2]

女性職業生涯發展中的根本問題

女性在晉升為人母後，才會真正感到時間和精力的匱乏，職場媽媽尤其如此。她們覺得自己彷彿被一根繩索捆綁着，一端是工作，一端是孩子，而且它們始終在向着相反的方向拉扯。你很想事業有成，讓孩子驕傲，但你也想多陪孩子。於是，你思考的問題也越來越實際，比如，你的核心競爭力是甚麼？你如何發揮這些優勢？而這些正是女性職業發展中的關鍵問題。

你要找的工作需要符合 5 個特徵

簡單來説，理想的工作是符合以下特徵的：

1. 你喜歡。因為興趣是最好的老師。

2. 你擅長。因為企業很看重經驗。

3. 有發展。每個人都應關注自己職業的可持續發展性。

4. 回報高。回報不僅包括收入，更包括歸屬感、上司的信任和他人的認可。

5. 有成長。

著名的記者、主持人史小諾在《40而立，也不晚——遇見大咖背後的故事》一書中講述了她創辦並主持財經人物紀錄片《遇見大咖》背後的故事。她說：「我的朋友，尤其是看到我每次為聯繫嘉賓，痛苦不堪、惶惶不可終日的時候，都特別不理解……每一次面對這樣的心疼、勸誡，我只能無條件地承認，我是有病，我真的有病，清閒日子我能過，過幾天是可以的，但如果是從40歲就開始清閒了，人生還那麼長，我肯定會瘋掉的……我其實就是想做事情、愛做事情，否則我真的感受不到我活着的意義和價值……採訪了那麼多優秀的人，即便愚笨如我，也被這些名人的專注、投入和堅持感染了。所以，我怎麼可能停下腳步？」[3]

總之，符合上述5個特徵的工作值得尋找，從中得到成長的感覺令人着迷，亦值得每個人去追尋。

女性的職業生涯規劃

斯蒂芬妮·雪莉女爵是個猶太人，她是英國最早的資訊科技公司Freelance Programmers軟件公司的創始人。她出生於德國，「二戰」時期迫於納粹德國的陰影，才逃亡到英國，在英國的寄養家庭中長大。雖然她數學成績很好，但那時沒有一所開設數學專業的大學願意錄取女生。無奈她只能選擇工作。下班後，她就去夜校學習，最終拿到了數學學士學位。最初創業時，她要兼顧家庭，所以她做了如下決定。

1. 她只招收女性，尤其是婚後被迫離開工作崗位的女性。

2. 辦公地點就在她家。

3. 為有生育需求的員工提供能在家完成的工作內容。

4. 向員工提供股票分紅和利潤分紅。

為了有機會見到客戶，她用了非常男性化的名字「史蒂夫」。就這樣，她逐漸打開局面並不斷擴張。1996 年，當她的公司在倫敦證券交易所上市時，這家估值超過 30 億美元的公司讓 70 名員工成了百萬富翁。2015 年，她在 TED 講台上講述自己的人生故事時，笑着說道：「你可以從頭形來分辨那些有野心的女人，她們的頭頂很平，那是經常俯下身子讓人拍打的結果，而且她們還有足夠大的腳，足以走出廚房那一小塊空間。」

◯ 女性職業發展的階段 ◯

年齡不是職業生涯絕對的分水嶺，但每個人在自身發展的每個階段都有特定的壓力。

適應與經驗積累期

適應職場。每個人適應職場所需的時間長短不同，但總要在這個階段完成。

職業定位並非一勞永逸，每個階段都需要思考，而且越早越好。你可以參考職業錨理論 [4] 的測試結果。職業錨理論由美國著名的職業指導專家埃德加·H·施恩教授提出。它可以幫助你發現自身優勢、準確定位，並找到適合自己的崗位。人一旦確立了自己的職業

錨，工作就會更積極，效率也會更高。

你需要形成健康的單身觀，讓自己過得充實、快樂。很多單身女性過得很不快樂，總奢望婚後能快樂；還有一些女性總希望婚姻能解決一切問題，殊不知婚姻本身才是最大的問題。如果你認為自己還不成熟，千萬別急着嫁人。只有做到不慌張，幸福才會穩穩地降臨。

成長與層級分化期

在明確職業定位後，要初步設計自己的職業通道（即一個人的職業發展計劃）並抓住每一次機會向前邁進。

1. 慎重選擇朋友，因為你的精力有限，經營友誼需要時間。
2. 認真思考婚育問題，考慮生育對自身職業發展節奏的影響。
3. 成熟與職位定位期。
4. 積極尋求發展方向，這個階段最出成果。
5. 密切關注內部晉升、調崗、跳槽、創業等機會，順勢而為。如果不試試，你就永遠不知道自己有多厲害。
6. 關注親子話題，無論你此時是否已為人母。
7. 進化與職業瓶頸期。
8. 打造自己的個人品牌。
9. 用自信的態度和切實的業績突破職業瓶頸，更上一層樓。
10. 注重身心修為，關注健康與養生。

越乏味的工作越需要優化

我們誰都無法選擇家庭和出身，對於一小部分人來說，工作可有可無；對於大多數人而言，工作是生存手段。所以，當我們必須要依靠手上的工作維持生計時，就需要有隨遇而安的心，不能單純因為無趣而抱怨。我信奉一句話：沒有平凡的工作，只有平凡的工作態度。德國知名培訓師蘇珊娜·克萊因漢茨在其著作《女人的八種人格》中說：「我們女人不是外界強權的犧牲者，而是自己心牆的犧牲者……掃除心路上的絆腳石，是我們掌控自己所必須經歷的陣痛。」[5]

在哪裏存在，就在哪裏綻放。不要因為難過，就忘記了散發芳香。我見過讓人心生敬意的餐廳服務員，她讓你感覺她端的不是一份炒菜，而是對你的關照和對自己的尊重；我見過用心做事的保潔員，她做事的態度讓你想把她當家人一樣對待；我見過航空公司優秀的地勤人員，他們嚴謹的工作作風傳遞給你的是一種安全和信賴。總之，當你覺得工作乏味時，這通常意味着你已經可以完全掌握其中的技巧了。那麼，不妨耐心地總結一下工作，看能否從其中找出可以規範化、流程化或標準化的地方，讓自己精益求精，重新發現工作中的挑戰和樂趣。

工作時帶上你的靈魂

如上所述，因為你完全可以勝任現有的工作，又沒有發現可以精進的空間，所以就會在工作中出現毫無技術含量的失誤。大腦運作的特徵之一是「用則進，廢則退」，毫無壓力的工作總會使腦部退化，進而導致工作中的失誤頻發。如何才能在工作中帶上靈魂？除了一份精益求精的精神，還需要對工作所涉及的其他人抱有愛和關懷（即使你的工作可以獨自完成，你的工作成果也必將為人所使

用或與人有關）。

我在飛機上遇到過一件事。空姐在發放午餐時問我：「女士你好！雞肉麵和牛肉飯，你選哪種？」我説：「牛肉飯，謝謝！」然後，她竟然告訴我：「沒有牛肉飯！」説完又連忙道歉：「對不起，我忘了，牛肉飯發完了，你看雞肉麵可以嗎？」雖然這是個細微的失誤，但為甚麼會出現這種失誤呢？因為她只是在賣力工作，並沒有用心。工作時若不帶上靈魂，人就會被慣性牽引，不再開動腦筋，慢慢走向「腦死亡」。

探索全新的領域

孩子的未來擁有無限種可能，所以我們看見孩子總會充滿喜悦。而我們自己呢？如果我們也能不停地探索世界，接受新鮮信息的刺激，我們也會擁有更多種可能。絕美的風景總要在人不斷向前邁進時才會出現。同樣是人，人與人之間生活的境遇和領略的景致卻有天壤之別。探索全新領域可以有效地對抗乏味的工作。畢竟工作不是生活的全部，只是因為工作乏味就放棄生活，未免有些可惜。所以，不如想辦法讓自己變得更有趣，讓生活更豐富多彩。

好好培養自己的興趣

• • • • • • • •

Michelle 是一位化妝品推銷員。她每天守着自己負責的一排貨架，工作對她而言沒有成就感，也沒有樂趣，但這份工作最大的優點就是可以按時下班，而且公司離家很近。她每天都能從容地買菜，然後回家做飯、煲湯，並幸福地等着男朋友回家。有一次，男朋友

的同事到家裏吃飯，對她做的飯菜讚不絕口，還建議她在 Instagram 發圖分享經驗。禁不住對方的鼓動，她很快就有了信心和衝動。於是，Michelle 慢慢研究起美食來，還買了好多書回家看。男朋友非常支持她，因為經常可以吃到她新研發的菜品，每次他還會熱烈地讚賞一番。就這樣，Michelle 守着這份美好的愛情，研發出了上百種新菜品，拍照、配圖，分享每一個操作步驟到網上，成了她最大的樂趣。時光是公平的，你把精力放在哪兒，成果就出現在哪兒，尤其是你不帶有任何功利心的時候。Michelle 不但成了一名烹飪 KOL，還吸引了不少廣告商，有了豐厚的收入。

· · · · · · · · ·

薩拉‧布雷克里是美國女式內衣公司 Spanx 的創始人。她的第一份工作是賣傳真機，而且一幹就是 7 年。當然，她推銷的方法就是打電話和去拜訪陌生人。被客戶拒絕早已司空見慣，但她內心的能量卻悄然升騰：如何簡明扼要地表達，以及如何讓客戶認可自己的能力，都是在那個階段練出來的。業餘時間，為了排解心理壓力，她潛心鑽研自己的興趣愛好：DIY 連褲襪。有一天，她居然有了一個靈感：為甚麼不能將連褲襪設計成修身無縫的呢，那樣既塑形又好看。後來，布雷克里白天賣傳真機，晚上搞研發，直到研發成功，而困難卻剛剛開始：誰來投資、生產和推廣呢？不過還好，對於她來說，被拒絕只能讓她越挫越勇，直到一位身為父親的廠商想到自己的女兒才對她有了惻隱之心，勉強給了她機會。接下來，你就應該有所耳聞了，Spanx 家喻戶曉，布雷克里也成為全球最富有的、白手起家的女性之一。她說：「我最大的劣勢在於我是個女人，總是被低估，但同時這也是我最大的優勢。」

· · · · · · · · ·

了解一個人最快的辦法就是看她如何分配業餘時間。因為在業餘時間裏，每個人都是她自己，無論是她接觸的人、她做的事、她去的地方，還是她看的書，都映射着她靈魂的影子。當乏味的工作困住你的心，你又暫時無力掙脫時，一定要在業餘時間讓心在興趣裏保持活力。

用心經營高質量的同事關係

人可以辭退工作，卻無法拒絕生活。既然要生活，就難免會有麻煩別人的時候。親戚的數量是有限的，工作卻可以為我們提供源源不斷的朋友。如果你暫時沒有更好的發展機會，又的確感到工作很乏味，不妨把注意力放在同事身上，用心經營高質量的同事關係也很有意義。這個世界會記錄人的每份善意，而且總會用一種你想像不到的形式加倍返還給你。

利用身體的新陳代謝

心理學家針對抑鬱症人群進行過一次實驗，目的是從三種不同的抗抑鬱方法中選擇效果最為持久的一種（眾所周知，抑鬱症患者總是悶悶不樂、自卑抑鬱，很容易變得消沉、悲觀厭世、出現幻覺，嚴重時甚至想自殺，而且這些症狀會反復發作）。心理學家把參加實驗的抑鬱症人群隨機分成三組，分別採用三種手段對他們進行治療。

A. 組用藥物治療。

B. 組用運動治療。

C. 組用藥物結合運動共同治療。

心理學家在治療期間對他們都提供了必要的心理干預，最終有

效地控制了他們的病情。隨着實驗的結束，人們紛紛回歸各自的生活，而真正的實驗並未結束：專家們每隔一段時間就會對他們進行回訪，以統計每組人員的抑鬱症的復發率，回訪持續了數年。最終實驗正式關閉，他們也確定了效果最為持久的手段，即運動。B組的效果最為持久，抑鬱症的復發率最低。原來，通過身體的新陳代謝，人會收穫精神層面的吐故納新。

既然運動對抑鬱症的治療很有效，正常人就更可以用運動來排解乏味工作帶來的不良情緒了。考慮到時間和精力的奇缺，輕健身（即高強度間歇訓練法）應運而生。關於輕健身，在英國職業醫師麥克爾·莫斯利和著名健身教練佩塔·比合著的《輕健身》一書中有詳細的介紹。他在書中寫道：「通過比較跑步者和非跑步者的死亡率，研究人員得以證明，堅持跑步大約可以增加 4 年壽命。」同時，他還説：「只有不過度運動才能從運動中獲得最大的健康益處。2013 年 6 月，《應用生理學雜誌》刊登的一篇社論指出，半數的職業賽艇運動員和馬拉松運動員的心臟都出現了纖維化的早期跡象，纖維化是瘢痕的一種形式，會導致心律不齊，心律不齊可能導致更嚴重的問題。」[6]

輕健身會讓人的精神狀態快速更新，以全新的姿態重新面對乏味的工作。具體做法如下：

1. 高強度運動一次，至少持續一分鐘。暫停並休息 20 秒（最多不能超過 30 秒）。

2. 第二次進行高強度運動，至少持續一分鐘。暫停休息 20 秒（最多不能超過 30 秒）。

3. 第三次高強度運動，至少持續一分鐘。暫停休息 20 秒（最多不能超過 30 秒）。

如此往復，每次至少做 6 組。

為確保讀者身體的安全和運動後良好的效果，我親身體會了一段時期，在採用輕健身運動之前，你需要注意以下事項。

德國作家和古典哲學創始人伊曼努爾‧康德說過：「有三樣東西有助於緩解生命的辛勞：希望、睡眠和笑。」我們的身體需要在得到很好的休息後才適合高強度的鍛煉，所以你需要先調整自己的作息，讓身體有充分的準備。

在睡眠充足和肌肉放鬆的狀態下，先要進行 2 ～ 3 週舒緩的傳統運動，比如散步、跳繩、游泳、瑜伽等。正式啟動高強度間歇訓練，按照上述說明，一次做 6 組，每週做 2 ～ 3 次即可。

麥克爾‧莫斯利建議我們最好在戶外進行輕健身，因為身體暴露在陽光下，皮膚才有機會合成維他命 D。如果你感覺自己很難堅持，那就儘量在社交圈的支持下進行。這不能說明你的意志力薄弱——人類本身就具有嚴重依賴社交的社會性，和別人一起做運動是確保我們能真正動起來的好方法。

1. 《環境與職業醫學》雜誌是由上海市疾病預防控制中心和中華預防醫學會主辦的學術性期刊。

2. ［美］希娜‧艾揚格. 選擇——為甚麼我選的不是我要的 [M]. 林雅婷，譯. 北京：中信出版社，2019：113.

3. 史小諾. 40 而立，也不晚一遇見大咖背後的故事 [M]. 武漢：長江文藝出版社，2018：144.

4. 職業錨（Career Anchors），又稱職業系留點，職業錨實際就是人們選擇和發展自己的職業時所圍繞的中心，是指當一個人不得不做出選擇的時候，他無論如何都不會放棄的職業中的那種至關重要的東西或價值觀。

5. ［德］蘇珊娜‧克萊因漢茨. 女人的八種人格 [M]. 胡偉珊，譯. 北京：中國出版集團和現代出版社，2015：序言第 3 頁.

6. ［英］麥克爾‧莫斯利，［英］佩塔‧比. 輕健身 [M]. 孫璐，譯. 南京：江蘇鳳凰科學技術出版社，2016：34—35.

07 擺脫職業倦怠症

如果工作是一種樂趣，人生就是天堂。

—— 歌德

· · · · · · · · ·

　　Emma 是一家物業管理公司的人力資源負責人。起初加入這家公司時，她充滿了工作激情和鬥志，認為自己可以利用公司的平台，使相關的人事管理制度規範化和系統化。但隨着工作的展開，她遇到了諸多問題和挑戰，慢慢地，她變得有些抱怨，再後來，不知道從甚麼時候開始，她的工作激情已經消失殆盡。

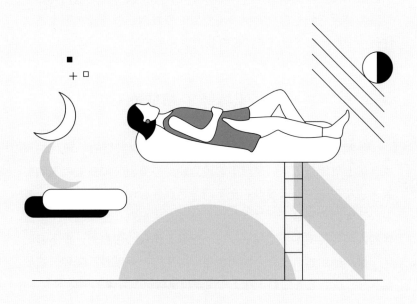

她按部就班地開展着人力資源日常的管理工作，統計空缺職位並招聘人才，實施相關的激勵制度，制定上司要求的相關培訓，也正常處理每一位離職人員需要辦理的相關手續。但在私底下，她總覺得自己已經快 40 歲，這樣的工作和她 10 年前的工作內容並無兩樣，所以她的內心總是無端地生出很多無奈和迷茫之感。再後來，她開始厭煩工作，對人力資源部下屬們的態度也越來越惡劣。她一方面做不到充分授權，另一方面又沒耐心培養他們，最後搞得整個部門每天的工作氣氛極其緊張。有幾次，她甚至聽到同事們議論她是不是更年期提前了，而她也覺得自己真的需要休息，需要徹底離開工作環境，只要不工作，做甚麼都可以。

· · · · · · · · ·

Emma 的這種心理狀態是典型的職業倦怠。很多人都有過類似的體驗，但程度深淺有所不同。如今，大家更換工作比以前容易，見識奢華生活的途徑也有很多，所以大家普遍心態浮躁，職業倦怠症日益增多，這個話題非常值得我們關注和討論。

◯ 甚麼叫職業倦怠症？ ◯

職業倦怠症也叫職業枯竭，是一種由工作引發的心理枯竭現象，是上班族在工作的重壓下體驗到的身心俱疲、能量被耗盡的感覺，這和身體的乏累萎靡完全不同，是源於心理的抵觸。加拿大著名心理大師克麗絲汀·馬斯勒將職業倦怠者稱為「企業睡人」。這樣的人明明睡得飽、吃得好，可一想到工作就心生厭倦、提不起興致，雖然他知道自己完全能勝任自己的工作，但就是不想幹，迫於無奈又只能勉強去面對，在工作中表現出敷衍或冷漠的態度。

導致職業倦怠症的因素有很多，比如以下幾種。

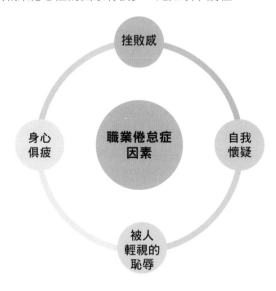

1. 挫敗感：覺得自己非常努力，卻得不到認可，隨即產生強烈的挫敗感。

2. 自我懷疑：工作中出現超出認知範疇的問題，對自身產生了深深的懷疑。

3. 被人輕視的恥辱：自我懷疑導致不自信，然後變得敏感，認為別人輕視自己。

4. 身心俱疲：工作強度過大，身體的無力感導致大腦能量的匱乏。

此外，獲得「美國心理學會總統獎」的蒂姆・墨菲和勞麗安・奧柏林在其著作《隱形攻擊》中提到了導致職業倦怠症的兩個因素。他説：「工作狂也稱為工作上癮，產生的原因是人們總是焦慮地認為自己的工作成就還不夠（因此會用持續的工作緩解焦慮），或公司文化強制員工承擔超額的工作量。不管是因為甚麼，它都會使員

工怒火中燒，如果員工本身還有一些問題人格，他就很容易產生職業倦怠。」[1] 總之，人在持續的工作壓力下，身體和情緒上很容易感到疲憊，最終導致敷衍工作並產生絕望的情緒。

德裔美國心理學家和精神病學家卡倫·霍妮在其著作《我們內心的衝突》中系統地介紹了重建人生自信的心理學知識。她說：「對於大多數患者而言，多種多樣的因素組合在一起，就像一張大網一樣，將他的人格束縛起來……如果有未解決的衝突，會表現出三種紊亂失調的症狀，這三種症狀都能導致精力的消耗或錯誤應用。第一種症狀是猶豫不決……第二種耗散精力的症狀同樣十分典型，表現為普遍的低效率……第三種明顯的紊亂失調症狀是普遍性惰怠。這類患者被自己的毛病拖累得苦不堪言，而且也經常責怪自己太懶惰，但這並不代表他們真的認為自己懶惰，這根本不是發自真心的自省。相反，他們對任何努力都很排斥，而且他們能意識到這種排斥，千方百計地為自己辯護，將其合理化……神經症性質的怠惰，意味着主動性和行動能力的癱瘓。嚴重的自我疏離，以及找不到生活的方向，是導致這種症狀的主要原因。」[2] 在消費欲望被空前刺激的當下，越來越多的女性正成為工作倦怠的犧牲品。尤其對優秀的女性而言，她們相信實力是尊嚴，習慣用成績證明自己，但她們沒意識到女人的賽道在晉升人母後會變成兩條，需要不停地變換賽道，不停地調整心態才行。

◯ 如何擺脫職業倦怠症？ ◯

停止反芻

很多有職業倦怠症的女性會形成反芻思維。這些女性逢人就念叨工作的苦累和自己的艱辛，殊不知每說一遍，腦子裏就會重新演

練一遍，結果大腦越來越消極，也越來越感到自己不容易。最後，一個強烈且清晰的念頭冒出來——你想要逃離這份工作。這類似於一個人的小臂內側受了點兒傷，只要不感染，即使不包紮，皮膚也會慢慢痊癒，但你非要捲起袖子給每個人看，本來傷口快癒合了，你為了讓傷口的慘烈程度與你表達的一致，就反復把新長的傷疤挑破給別人看。

1. 你嫌收入少，所以不想工作

不妨試試和老闆談判，爭取更高的待遇。如果不能如願，就試着在社會上尋求能給你提供更高收入的工作。求職結果不重要，重要的是你採取了行動，而非反芻。我鼓勵你以在職的狀態求職，這樣不僅穩妥，而且面試時會呈現更好的狀態。當你折騰半天卻未果時，或許你會忽然發現自己已經擁有的更值得珍惜。

2. 你不是嫌收入少，只是覺得心理不平衡

這往往是因為自我認知存在偏差。在這種情況下，你需要跟隨好奇心一窺到底，靠近並了解目標人物，如果情況屬實，你就勇敢地站出來為自己爭取利益。但通常來講，我們總是會用自己的優勢和別人的劣勢進行比較，得出的結論和事實有出入，畢竟企業的人力資源在為每個崗位設定薪資待遇時都是經過謹慎評估的。

3. 你可能覺得自己得不到應有的尊重

美國心靈導師露易絲‧海在《生命的重建》一書中説：「假如你不喜歡目前的工作、想換職務、工作上出問題或失業，最好的做法是：帶着愛並感謝你現在的工作，並了解到，這只是你人生路上必經的階段，你之所以會處於這種狀態，是你自己的思維模式造成

的。如果『他們』用你不想要的方式對待你，那是因為你的意識中有某種模式在吸引這樣的行為。」[3] 當你因為別人的態度憤怒時，這恰恰反映了你內心的不自信。因為不自信，所以怕被人看輕，結果怕甚麼來甚麼，你注意到別人不夠尊重你，便開始憤怒。所以，不如暫時收起那份對他人的不滿，關照內心，為自己找尋努力的方向，讓自己強大起來。

4. 你可能因為對某個人深惡痛絕，所以不想和對方共處一室

若果真如此，為何離開公司的不是對方，而是你呢？何不把對方當成一個修煉心性的對象呢？要知道，只在愛裏，人是很難成長的。人總要經歷不開心與不情願，才能更成熟。

5. 無法認同公司的價值觀而產生倦怠

我們需要借由工作解決生存問題，但我們決計不能只為了生存而工作。就像兩個價值觀不同的人很難共事一樣，如果你不認可企業的價值觀，那就很難獲得職業幸福感。守住道德底線的人，才能認同自我。

美國哲學家亨利・戴維・梭羅說過：「我們只有在迷失之後才會開始理解自己。」但我們首先要學會安靜，閉嘴以後才可能聽見智慧的聲音，停止反芻才可能成長。

心流理論的啟示

一次長假前，一位好友邀請我們全家參加她策劃的自駕遊活動。由於當時我的兩個孩子還太小，所以我只能婉拒，但我對她的活動保持了高度關注。很詭異的是，他們只在第一天更新了社交平

台上的內容，他們一路向北，沿途的風景確實很美，之後卻集體在社交平台上消失。節後我問她緣由，她說他們後來一直在酒店的房間裏打麻將……

值得大家注意的是，假期本身未必能幫你擺脫倦怠症。很多人在長假之後會患上假期綜合征，因為很多人在休假時會徹底放縱自己：熬夜、暴飲暴食或進食過多垃圾食品。女人易老，所以我們需要區分放鬆和放縱，學會珍愛自己。

心流理論（Mental flow）由積極心理學的奠基人之一的米哈里·契克森米哈賴在其著作《心流》中提出。處於心流狀態之下，人們做事情會全神貫注、投入忘我，感覺有如神助；而在心流體驗之後，人們會有強烈的滿足感、掌控感和愉悅感。那麼，人們在做哪些事情時更容易處於心流狀態呢？契克森米哈賴在眾多人參與的實驗中發現了驚人的事實真相：「一個人每週中處於心流狀態的時間越長，整體體驗品質就越高。經常感受心流的人較易感覺堅強、活躍、有創造力、專注、進取。但出乎意料的是，心流大多出現在工作的時候，絕少在休閒時發生。」[4] 這就難怪美國著名的休閒學家查爾斯·K·布賴特比爾曾說：「未來不僅屬於受過教育的人，更屬於那些懂得善用閒暇的人。」休閒活動有兩種完全不同的形式，即被動式和主動式。主動式休閒是指需要動腦筋、花心思才能享受到樂趣的活動，如閱讀、運動、社交、旅行等，這些活動有助於人的成長和心靈的休憩，但過程不是很輕鬆；被動式休閒是指不需要消耗太多能量、無須任何專注力和技巧的活動，如看電視、聽音樂等。如果你總是把被動式休閒活動當成填補空閒時間的內容，那麼，身心就會承受持續的壓力，無法得到真正的放鬆。

主動式休閒	被動式休閒
閱讀、運動、社交、旅行	看電視、聽音樂
有助於人的成長和心靈的休憩	無法得到真正的放鬆

按下人生的暫停鍵

• • • • • • • •

　　Doris 和 Richard 已婚多年，兩人都是專業人士，收入屬中產，他們的感情很好，也一直享受沒有子女的二人世界。臨近 40 歲時，兩人突然很想要孩子。經過一年多的摸索和努力，他們依然一無所獲。Doris 想要破釜沉舟，所以辭去了工作，專心調理身體，並在一年後成功受孕。順利生產後，Doris 又有了強烈的工作意願，並對未來充滿期待。

• • • • • • • •

　　美國知名人際關係專家芭芭拉‧安吉麗思在其著作《內在革命》中寫出了很多女性的心聲。她說：「我們依照計劃，讓我們的情感關係、工作和成就一步步朝着我們預定的方向前進，結果卻莫名其妙地發現自己到了一個與我們的期待完全不相干的地方，感覺自己像是一個陌生人，到了一個陌生的地方，只不過，這個陌生的地方

卻是生活引領我們來的。就這樣，不知為甚麼，我們就在通往幸福的路上迷失了自己……我們想要過某種生活，結果卻被困在另一種生活裏。」[5]

欺騙別人很難，但自我欺騙更難。當你內心因某種原因對工作產生厭倦時，即使你再擅長此時的工作，也很難用心面對。對於工作，沒有經歷過的人很難體會，那種內心的膩煩和抵觸遠非任何文字可以比擬。如果你也有同樣的困惑，不妨聽從內心的聲音，像 Doris 一樣排除萬難去跟隨內心。人生如同一首樂曲，短暫的停頓後往往會有更加氣勢磅礡的節奏。當一切重新開始，你才有可能看到頂峰瑰麗絕美的風景和恢宏的場面。

充分利用人脈資源

社會是一個龐大的關係網絡，對於我們而言難以企及的事情，對於有些人卻是不值一提的小事。無論是攻克工作中的難題，還是找尋更適合的發展方向，人脈資源都是不容小覷的一個因素。而我們與生俱來的、血脈相連的人脈資源都很單薄，即使出身名門，隨着時代的變遷，也必然會生出嶄新的人脈網絡。所以，我們需要在平時多積累和維護屬於自己的人脈資源，並善加利用。

人生路上要敢於大膽轉彎

• • • • • • • • •

Anna 擁有一份穩定的工作，也有一個溫馨的小家。但她覺得工作很枯燥，所以每天過得渾渾噩噩，直到她開始對攝影產生興趣。這一興趣產生的契機是他們公司組織的攝影比賽，她當成任務上交的作品竟獲了獎，這讓她有些意外，也讓她豁然開朗。之後，她申

報讀了攝影專業的課程，並嘗試向媒體投稿。再後來，有幾家廣告公司向她長期約稿。她便申請了停薪留職，一門心思從事起夢寐以求的攝影工作。

· · · · · · · ·

　　美國加利福尼亞州立大學諮詢系教授杰弗里·科特勒在其著作《改變》[6]中深入剖析了人們發生改變的內在邏輯。他說：「如果我想達成目標，每天都必須起床，做分秒必爭的最後衝刺，全身心投入。事實上，一切都發生在你的內心——不管你身邊發生了甚麼或你自己發生了甚麼，個人認知方式的轉變都是最有效的。」任何無法激發內在興趣的工作都會遭到主觀上的排斥，至少無法讓人長久地愉悅。當你無路可走時，你只能沿着腳下的路前行；但當你看到一條光明大道時，為甚麼不聽從內心雀躍的聲音大膽轉彎呢？

1. [美]蒂姆·墨菲，[美]勞麗安·奧柏林. 隱形攻擊[M]. 李婷婷，譯. 北京：台海出版社，2018：165.
2. [美]卡倫·霍妮. 我們內心的衝突[M]. 李娟，譯. 武漢：長江文藝出版社，2016：163—167.
3. [美]露易絲·海. 生命的重建[M]. 謝明憲，譯. 海口：南海出版公司，2018：144.
4. [美]米哈里·契克森米哈賴. 心流[M]. 張定綺，譯. 北京：中信出版社，2017：270.
5. [美]芭芭拉·安吉麗思. 內在革命[M]. 龍彥，譯. 北京：北京日報出版社，2016：60—61.
6. [美]杰弗里·科特勒. 改變[M]. 鐘曉逸，譯. 北京：北京聯合出版公司，2016.

Chapter 2

日常家庭二三事

Lesson 08

學懂理性消費及理財

如果你把金錢當成上帝，它便會像魔鬼一樣地折磨你。

——亨利·菲爾丁

· · · · · · · ·

　　Mavis 剛剛結束她痛苦而又漫長的初戀，分手的那一刻，她滿臉淚痕，痛哭流涕。但最終，她決定告別過去：她要放下回憶，扔掉所有和前男友有關的東西——她開始 「斷捨離[1]」。Mavis 越扔越多：她把一年內沒穿過但保存完好的衣物捐給了慈善機構，她甚至為了扔梳子跑去剪了短髮。在不斷扔東西的過程中，她發現原來自己可以活得更輕鬆。她不再為失戀難過，而是全心全意地工作。

在家休息時，她就會琢磨：還有甚麼東西可以扔？起初，她是想通過扔東西緩解失戀的痛苦，現在既然已經不愛了，就應該停止這種行為了。但是她沒有，她習慣了這種簡約的生活方式：她扔掉了所有讓她腳疼的高跟鞋和所有空的鞋盒子，只留下一雙白色運動鞋、一雙輕便的黑色皮鞋和一雙拖鞋；她扔了一套印有精美圖案的杯墊，她自己很少做飯，而且就算做飯或煮湯，也可以將裝了食物的餐具放在廚房稍微涼一下再端到餐桌上；她扔掉了根本不準備看的書，這才意識到自己真正喜歡閱讀的是商業財經類書籍。

Mavis 原本想重新租個大點的房子，而現在，她發現一個人住這麼大的房子就足夠了。家裏觸目可及的都是自己心儀的生活必需品和擺件，她經常暢快地想要跳舞。最神奇的是，因為這樣一個「斷捨離」的思想之旅，她每次購物前都會反復問自己：「這個東西真的有用嗎？我會不會剛花錢買下它，扭頭又想扔掉它？」於是，她成了一個名副其實的理性消費者。

· · · · · · · · ·

◯ 五種典型的消費錯誤認知 ◯

錯誤認知 1：　為甚麼每個月我都能定時領工資，但錢還是不夠花呢？

這樣想想：　錢夠不夠花從來不取決於領工資的頻率是否固定。

錯誤認知 2：　我已經把所有的時間都給了工作，但為甚麼工資卻不能滿足我所有的購物欲望呢？

這樣想想：　工資水平的高低不是根據工作時長來確定的。

錯誤認知 3：　每天下班時，都感覺非常累，甚至連卸妝的力氣都沒有，但為甚麼我連大牌的卸妝油都買不起？

這樣想想：	工資水平的高低不是根據辛苦程度來確定的。
錯誤認知 4：	公司沒有我就不可能發展得這麼好，但我的收入少得可憐，這是為甚麼？
這樣想想：	因為你不是老闆，老闆承擔了更大的風險。
錯誤認知 5：	假設你就是老闆，你也不免會想，為甚麼每天承受這麼大的壓力，卻不能隨心所欲地消費呢？
這樣想想：	因為你的企業還沒有真正發展壯大。不過，當你的企業真的富可敵國時，你的樂趣就遠不在消費上了，因為如果你沒有更宏大的格局，你就不可能把企業經營到那樣的規模。

◯ 全面認知理性消費和感性消費 ◯

概念認知

　　理性消費通常指一個人在自己消費能力允許的條件下，按照追求效用最大化的原則進行消費。與理性消費對應的是感性消費，即在消費前沒有計劃，消費的行為更多是受外界刺激而臨時起意，毫不顧忌自身經濟條件的約束，也未對商品本身的綜合價值進行考察。在如今的消費時代，存在着兩個極端。

過於講究排場和體面

　　很多人月收入不足五位數，非要強撐面子拎着價值幾萬元的包。其實，女人真正吸引人的應該是你的氣質、笑容和信念。當一個人的氣質無法駕馭那些奢侈品時，只會稀釋它們的價值，讓它們

淪為別人眼裏的假貨。

我們現在吃飯並不只是因為飢餓，很多人以「大食王」自居，暴飲暴食。婦科囊腫和肌瘤類疾病日益擴散，「富貴病」更是層出不窮，甚至還有很多人是為了拍照和炫耀而消費。

把所有的錢存起來，完全不消費

輕鬆愉快的生活氛圍和健康舒緩的身體需要一定的消費做支持。很多人的生活方式是這樣的：週一到週五拼命工作，週末躲在家裏避免任何消費，生活單調沉悶、沒有娛樂和文化的氣息，忘了工作的意義。

這樣的消費觀念在日後一旦被顛覆，曾經奇缺的可能會以幾倍的程度進行補償。所以，必要的和美好的事物值得消費，真正的理性消費不能太偏激。

消費時啟動「第二套決策系統」

· · · · · · · ·

正值寒冬，龐太每次接兒子放學，都感覺刺骨的冷，所以她決定買一件長款的羽絨服。於是，在週六和好友一起逛街時，她買了一件長款薄棉襖（雖然樣子很時尚，但真的不暖和）。每次出門前，她都得在棉襖外面裹一層厚厚的圍巾，每次凍得瑟瑟發抖時，她都為自己的衝動感到後悔。她想過再買一件厚點兒的羽絨服，但又覺得太浪費了。

· · · · · · · ·

在經歷了一週的工作和生活壓力後，人會很疲憊。而在疲憊之時，大腦也會出現停滯和斷檔。所以，儘量在精力充沛時逛街，大腦才會做出更明智的決策。

龐太和朋友一起逛街，這本身就不明智。因為她在做消費決策的同時，還不得不面對額外的壓力，畢竟她多少還會受朋友的意見的影響。

龐太在做出消費決策之前，對於將要消費的目標沒有明確的認知。她的確是買了一件長款的薄棉襪，但它並不是她本來需要的那種長及腳踝的、足夠保暖的羽絨服。她被售貨員欣賞的眼神、商家誘人的優惠政策、朋友的誇讚和自己腦海裏及時浮現的有關兒子的畫面欺騙，倉促地做出了購買的決策。

科學家曾猜測哺乳動物的大腦中有兩套決策系統，它們分別用於應對不同的情形。後來的研究也支持了這一觀點，相關論文發表在英國《皇家學會學報》上。研究顯示，當威脅水平高的時候（比如受到危險動物攻擊），第一套不精確但反應快速的決策系統非常有用，而處理不常出現或具有許多相互矛盾的線索的複雜情形時（如社交情境），第二套決策系統表現得更好。而第二套決策系統的運營主要集中在大腦的外皮層。人們在進行消費活動時，如果啟動第一套決策系統，則很容易陷入感性消費，比如看見別人買，自己也跟風；看見商品很誘人，就忍不住想要佔有；等等。而第二套決策系統是人類後來進化的、更高級的思維能力，更有助於我們在消費時做出理性的決策。

設置「心理安全線」

如果你也有衝動消費的經歷，說明你沒用過「心理安全線」。「安全線」原是軍事術語，指在自己地盤的邊界設置隱形機關，能在敵人入侵時及時收到信號，避免被襲擊或失去領地。[2] 消費前設置「心理安全線」是指提前明確此次消費的最高限額，一旦超支，心理警報就會響起，從而有效地避免感性消費。

心理安全線

在消費方式日益便捷的今天，理性消費的能力正受到嚴峻的挑戰。比如你出門本來只是為了散心，卻毫無節制地有了意外的花銷。這種消費行為在當時似乎給你帶來的是愉悅感，從長期來看卻削弱了你的幸福感和自我認同感。如果你在離開家時，只帶了買一杯咖啡的錢，就不會出現這種衝動消費。那一杯咖啡的錢就是消費前的「心理安全線」，提前設定才能在衝動消費的想法冒出來時，第一時間意識到並提醒自己注意。如果你每次在想要購物之前，內心都能預先設定一個數值，就會減少更多不必要的開支。

◯ 21 項女性理性消費攻略 ◯

《紐約時報》暢銷書作家克里絲特爾·潘恩是三個孩子的母親，她在《會賺錢的媽媽》一書中坦言，自己也曾缺乏信心並喜歡取悅別人，以至於無法向朋友真正地敞開心扉。但沒有人是一座孤島，

每個人都需要高質量的友誼，更需要付出勇氣、真誠、金錢和時間。所以，投資於人、經營關係非常有必要。她說，我們最偉大的願望之一應該是心甘情願地用自己最好的東西幫助別人，不求回報，並甘之如飴。這樣，當我們結束人生旅程的時候，可以沒有遺憾地說，我們已經盡自己所能去給予別人、幫助別人——家人、朋友、需要幫助的陌生人、處於掙扎中的鄰居，還有那些從未謀面的人。這樣的人生才是真正帶着慷慨精神而活的。[3]

如果你只是運用本文的技巧變得精打細算，我會感到失落，因為那不是我的初衷。我希望你可以從此讓自己不再因經濟拮据而苦惱，不再因感性消費而遺憾，不再因收入水平困住自己的心，學會運用手中的財富理性消費並大踏步地拓展自己的視野，才是我真正的初衷。

1. 兩年內沒穿過和沒用過的衣物都不應該佔據你的生存空間。那些廉價的「雞肋」物品只會為你吸引更多的同類產品，讓你的心靈窒息，使你遠離精緻生活。

2. 謹慎辦理各種形式的消費卡，因為不是每個商家都講究誠信，也不是每個商家都能成功「堅挺」到你的卡內餘額用完，而且你無法確定自己未來的消費行為軌跡。

3. 謹慎辦理各種信用卡，不要為了吃某頓飯可以便宜就腦子發熱。一旦辦理了信用卡，你就需要為自己的信用負責到底，系統科學地管理自身信用會越來越重要。

4. 養成記錄每筆消費的習慣，並在月末進行匯總和分析。一個皮膚受傷出血的人需要及時補血，在血袋到來之前，你首先得盯緊自己流血的地方，及時止血並避免失血過多。

5. 儘量避免和朋友一起購物。一起吃飯的人越多，我們就會

吃得越多。購物也一樣，和朋友一起購物，更容易讓我們超支。因為當我們的大腦無法專注於購物時，自控系統的能力就會減弱，進而產生更多的衝動消費。別小看任何一個單獨逛街的女人，這種女人是有智慧的，他們不是孤單，她們只是懂得關照自己的大腦，讓更多的腦細胞用於消費決策。

6. 若沒有消費計劃，就儘量遠離商業中心。這就像減肥人士選擇跑步路線一樣，去美食一條街還是去運動場，區別很大。

7. 疲累的時候儘量不做消費決策，因為購物不僅需要體力，更需要腦力。

8. 情緒波動的時候儘量不消費，因為大腦在情緒波動期間，新皮層很難接收到核心層發出的指令。

9. 鞋子不舒服時不要逛街，尤其是高跟鞋，因為你很有可能會衝到鞋店先買一雙廉價的、毫無新意的平底鞋，然後瘋狂購物。

10. 沒想明白要買甚麼就別貿然出手，別輕易屈服於時尚，現在流行不代表它就是經典。讓自己消費的目標視覺化，會讓消費更理性。

11. 不管你遇到的東西有多好，儘量別在第一時間購買，尤其是網購。你可以將其暫時放在購物車裏，三天以後如果你還想擁有它就繼續保留，如果不喜歡了就刪掉。再過三天來看它們，如果還是覺得沒它不行，你再付款。通常事後你會因自己的謹慎而感到慶幸。

12. 你的孩子一定很可愛，但是不代表試穿在孩子身上的所有衣物都值得購買。總之，不要把自己對孩子的喜愛當成對試穿在孩子身上的商品的喜愛，要小心這種錯覺。

13. 掌握「斷捨離」的核心思想，拒絕無用之物，以此促進自己的理性消費。

14. 每次消費前，設置「心理安全線」。

15. 必須要買衣服時，儘量穿得體面一些，這樣可以購買有着更高品質的衣服，進而提升自己衣櫥的整體水平（我們買衣服時總會不可避免地和當時自己身上穿的衣服進行比較）。

16. 在買單時掏出優惠券沒甚麼丟人的，如果你傻傻地按全價買單，也沒有人會欣賞你的慷慨。

17. 努力提升自己的收入水平和速度，賺得越快，積累得越多——因為同一時期的花銷會相對固定。

18. 人是環境的產物，你可以多結交一些節儉卻有品位的人，一定要與浮誇奢靡的人保持距離。

19. 區分「你必需的」和「你奢望的」，因為很多人平時分得清，一到商場就會犯暈。

20. 別為了享受商家的一點優惠政策浪費太多的精力和時間，偏激會讓人損失更多。

21. 嘗試 DIY（自己動手做），一來可以有效激活很多物品的第二生命，二來將自己動手做的一些禮物送給朋友也非常有創意。

1. 「斷捨離」這個概念是由日本雜物管理諮詢師山下英子在其著作《斷捨離》中提出的，主要圍繞如何收拾房間、讓家更整潔展開討論。

2. ［美］特蕾澤‧休斯頓 . 理性的抉擇：女性如何做決定［M］. 張佩，譯 . 北京：北京聯合出版公司，2017：135.

3. ［美］克里絲特爾‧潘恩 . 會賺錢的媽媽［M］. 莫方，譯 . 南昌：江西人民出版社，2018：197、202.

Lesson 09　想要平衡，先要放棄

確切的人生是：保持一種適宜狀態的與世無爭的生活。

——蒙田

· · · · · · · ·

　　Nicole 是世人眼中完美的女性，無論是長相、身高、性格，還是能力。通過十幾年的努力，她不僅事業有成，還拿下了博士學位。只不過，如人飲水，冷暖自知。她難以自拔地愛着一個有婦之夫，時常感到孤獨和迷茫。當朋友們陸續步入婚姻殿堂並收穫愛情結晶時，她的情緒陷入持續的低迷狀態。為了逃避內心的痛苦，她只能把更多的精力放在工作上。可隨着工作成績日益突出，她的內心也

更加空虛。她對心理諮詢師說：「我的生活就像一面華麗的鏡子，工作方面星光璀璨，感情方面卻暗淡無光。」

心理諮詢師在對她的境遇做過全盤了解後，問她究竟要的是甚麼：是一段刺激的情感體驗，還是一種安穩的婚姻生活？Nicole 的內心其實知道答案，長久以來揮之不去的苦痛就是她靈魂發出的停車牌。痛徹心扉後，她決定放手──因為她終於懂得了處理這種感情最智慧的辦法。她強打精神讓自己接觸陌生異性，並最終遇到了她後來的丈夫──一個對她無限寵愛的好男人。兩年後，他們迎來了一個健康活潑的孩子，這讓她的內心感到前所未有的滿足和幸福。

· · · · · · · · ·

掌握平衡，先要學放棄

生活自由充實，身體活力滿滿，工作受人尊敬，容顏清新脫俗，父母既開放又超能，丈夫優秀且專情，孩子健康又聰明──哪個女人不愛這些？但十全十美的生活太少，所以我們難免心生煩惱，而其中最典型的一個問題就是：如何平衡工作和生活？日本小說家林真理子在《只差一個野心》一書中說：「每個人有各自不同的生活方式。像我就貪心地希望能品味到事業、婚姻、孩子這一套『女性全餐』，也有的人只選擇其中一樣……對女性而言，必須趁年輕不斷地思考工作、結婚、生孩子的意義及其優先順序……」[1]

如果人生是一次奢華的自助套餐，你又想多些體驗，那就必須懂得平衡的藝術。很多人潛意識裏總想尋找一種辦法，好讓自己的工作量毫無增減就奇跡般地高效起來。很遺憾，船總要捨棄安全的港灣，才能在深海裏收穫滿船魚蝦。尤其對於女性來說，毫無意義的事情太多，善於拒絕和放棄的智慧直接影響着生命質量。

平衡本質上是一種藝術，它很難被衡量。如果非要給它確立一個標準的話，那也只能是主觀的，比如：你對生活很滿意，你覺得自己很幸福。當你感覺煩惱時，也正是你需要調整的時候。

◯ 幸福的兩大心理原則 ◯

一、進展原則

我們總是在無限接近幸福時備感幸福，而在幸福進行時又不可避免地陷入失落和抱怨。讓自己持久感受到幸福的首要原則就是努力推進自己生活的各個維度，讓它們齊頭並進。進展原則由著名心理學家喬納森‧海特在其著作《象與騎象人：幸福的假設》中提出。所謂進展原則，即朝着目標前進比實現目標更幸福。[2]

生活如同一場旅行，唯有走到更遠的地方，才能感受更多的風景。Nicole 的生活有了進展，幸福的感受便隨之而來。幸福之人總能讓自己的生活變得更加美好。無論多麼富有顯貴，一成不變的生活都會讓人心生厭倦，滋生無聊和落寞感。只有不斷地努力，讓一切變得越來越好，才能感受到持久的幸福，感受平衡的魅力。

二、嘗鮮原則

嘗試一些自己從未做過的事，無傷大雅卻也跳出了既有的行為模式，就能讓生活充滿新鮮感，幸福感便撲面而來。一次深夜，我在大學校園裏辦完事後，發現很難叫到的士，只能徒步走到地鐵站。走到地鐵站大概需要半個小時，若是白天，我是很願意走的，但冬天的夜晚真的很冷。於是，我在苦惱了不到半分鐘後，注意到一輛輛穿梭在眼前的私家車，一個念頭便突然間冒了出來：為甚麼我不

試試攔車呢？於是，我生平第一次站在路旁伸出手攔車，露出自認為最優雅、最端莊的笑容。第一輛車就慢慢地停在我面前，車窗搖了下來，我隨即發出簡明扼要的請求，於是我被允許上了車，然後溫暖舒適地到了地鐵站。我告訴對方我是第一次攔車，非常感謝他的熱心，他的眼神中有種光芒在閃爍，顯然是受到了我喜悅心情的感染。就這樣，在原本必須匆匆趕路的寒冷冬夜，我有了一份美妙的體驗。

德國哲學家尼采把人的精神境界分為三種：起初，你的精神像一隻駱駝——忍辱負重，茫然而被動地聽憑命運的安排；後來，你的精神像一頭獅子——一切由我，主動爭取並勇於擔責；最後，你的精神像一個嬰兒——活在當下，放鬆地享受眼前，大膽地嘗鮮。在人生的旅途中，沒有誰能一直束縛我們的手腳。限制我們的思想的往往是我們自己，捆綁我們的幸福的也是我們自己。

放棄的藝術

這世上沒有一個公式可以明確地告訴我們每個人生階段中甚麼才是最重要的，畢竟每個人的境遇和追求不同。所以，一切存乎一心，放棄是藝術而非技術。但的確有一條原則是我們可以遵循的，那就是「目標脫離與否」。如果一個人沒有目標，就如同飛在高空中的飛機失去了方向一樣，要想在油耗盡之前成功着陸，必須首先鎖定目標，進而才能知道應該放棄甚麼。所以，平衡工作和生活的前提是要懂得放棄，而決定放棄甚麼之前首先要鎖定目標，所有與目標不相干的事情就是要放棄的內容。比如你的目標是一週讀完一本 300 頁的書，那麼，除了正常的飲食起居、生活與工作，在剩下的時間裏，閱讀就應該排在第一位。同時，即使已經讀了 260 頁，也要把關注點放在還沒有完成的 40 頁，而非讀過的 260 頁，這樣才能避免沾沾自喜和半途而廢。很多人會誤把唾手可得的目標

當成已經實現的目標，進而產生莫名的愉悅感，最終與目標失之交臂——這一點尤其需要大家警惕。

◯ 警惕稀缺帶來的管窺現象 ◯

稀缺帶來的管窺現象

上文是從主觀層面探討平衡的藝術。那在現實中，我們是否存在切實的能力問題呢？比如怎樣分配時間和精力，如何將自己繁雜的工作排序，等等。美國經濟學家塞德希爾·穆來納森在其著作《稀缺：我們是如何陷入貧窮與忙碌的》中提出的稀缺理論為世人敲響了警鐘：「稀缺會降低所有這些帶寬的容量，致使我們缺乏洞察力和前瞻性，還會減弱我們的控制力。」[3]

人缺錢的時候，會忽略真正有助於發展的機會

穆來納森把人的這種短視現象稱為「管窺現象」：就像是有人在你眼前放了一根管子，稀缺狀態下的你只能傻傻地看見管子裏那些能解燃眉之急的機會，對於管子外的機會，你會統統視而不見。

有緊急事情時，人會無暇顧及真正重要的事

因為你被緊急的事情牽絆，然後就耽擱了真正重要的事，所以你發現自己留給真正重要的事情的時間少得可憐。在時間方面「捉襟見肘」的你陷入了惡性循環，最終，重要的事情卻做得不盡如人意，給自己留下太多遺憾。

人在飢餓狀態下，只為食物而存在

人在飢餓狀態下，滿腦子只想着吃的，各種感官都只為美食而存在。一項對飢餓者的心理實驗發現：當人餓到一定程度時，哪怕是觀看影視節目，都會自動忽略那些露骨的情愛鏡頭，反而對男女主人公進餐約會的場景格外關注。很多人在特別餓的時候，連嗅覺都會變得格外敏銳。

管好自己的「心智」

為了避免出現管窺現象，我們要提高警惕，別被稀缺狀態俘獲。如同電腦一樣，我們必須管理自己的「帶寬」。這裏的帶寬是指我們的「心智容量」，比如認知能力、執行控制力等。多數時候，不是因為我們能力低下才導致貧窮和忙碌，反倒是因為貧窮和忙碌導致了我們的行為看上去幼稚、拙劣。

1. 避免讓自己陷入金錢稀缺的狀態

開發更多的經濟收入來源，每月設置固定的比例進行存儲並隨着收入的提升而增加儲存比例，購買穩妥的理財產品，參與適度的投資活動。

2. 避免讓自己陷入精力稀缺的狀態

熬夜加班是降低工作效率最明顯的手段。每個休息日都是上天賜予我們的時間禮物，這時我們就應該心無旁騖、無所事事，享受那份寧靜。只有這樣，才能在工作日裏精力充沛。

3. 避免讓自己陷入意志力稀缺的狀態

很多人熱衷減肥，而且喜歡研究所謂的食物熱量表。請注意：當你在思考該怎麼吃的時候，大腦正在損耗大量的帶寬，用以抵制你讀到的每種食物對你的誘惑。意志力像個蓄水池，每次失敗的經歷都會減少它的容量，所以，遠離誘惑源才是上策。

4. 避免讓自己陷入時間稀缺的狀態

要學會人為地設置多個時間節點。有實驗數據表明，時間節點可以提高人的專注力、創新力和自製力。穆來納森提到一個心理實驗：兩組學生都被要求在三個月內完成一項研究報告，A組學生被告知他們在三個月後將接受評審，這期間的任務自行完成即可；B組學生不僅被告知三個月後會有評審，還要求每個月底當面嚮導師彙報進度。也就是說，B組學生比A組學生多了兩個時間節點。實驗最後的結果顯示：B組學生的研究報告的質量遠超A組學生的。

總之，我們缺的不僅是金錢、精力、意志力和時間，還有自我管理和科學分配精力的意識或能力。

◯ 女性需要修煉的四「力」 ◯

一、女性需要修煉「定力」

美國第一位非洲裔總統夫人米歇爾・奧巴馬在其自傳《成為》[4]中明確表示她非常關注女性如何平衡工作和家庭之間關係的話題，而她也用自己的實際行動詮釋了平衡的智慧。在她剛開始為支持丈夫奧巴馬（美國第44任總統）競選總統而發表演講時，她總是帶着緊張和執念，並且一刻都不放鬆，表情嚴肅且沉重，以至於她的反對者攻擊她是一個「憤怒的女魔頭」。她說：「要忽視一個女性

的聲音，最簡單的做法就是將她包裝成一個潑婦。」由此可見，她當時感受到的心理衝擊是多麼強烈。她的內心曾一度失衡：她覺得這一切都不是她自己的選擇，她不喜歡政治，她內心感到無比沮喪，甚至想要退出競選。但最終，她領會到更深層次的智慧，她說只有盡情展示自我，享受自我，坦率且樂觀，才能感到輕鬆。

值得一提的是，在奧巴馬卸任總統之後，他們全家搬出了白宮。奧巴馬在外休整，孩子們都已長大並離開了家，米歇爾又要重新面對自我，與自己對話。她的內心依然能感受到生活的美妙，她甚至能享受那份孤獨。這正是女性需要修煉的「定力」。

二、女性需要修煉「不力」

• • • • • • • •

Eve 是一家國際企業的人力資源總監，老闆在高薪聘請了一位高級經理後又想辭退對方，因為這位高級經理的行事風格辛辣，和公司的文化格格不入。Eve 起初在邀請對方時費盡心機，好話說盡，現在又要辭退對方，面子上總覺得過不去。在這樣的心態下，她一拖再拖。而這位高級經理很懂得察言觀色，在 Eve 第一次找他談話而面露難色時，他就猜出了大概，也私底下緊鑼密鼓地準備報復。最終，一場私下進行的辭退對話演變成了一場大龍鳳，高級經理不僅大講公司壞話，更向勞工處投訴，最終公司付出了幾倍的經濟補償。

• • • • • • • •

誰也不喜歡聽到否定的回饋，所以說「不」是一種能力。一個神奇的「不」字就是我們生命的防護網，捍衛了我們的時間和目標。

人與人之間是有邊界的,你若沒有建立邊界的能力,就會成為「爛好人」,而「爛好人」的結局通常是出力不討好。

· · · · · · · ·

　　自由工作者 Debby 喜歡在咖啡廳工作,唯一不方便的是每次去洗手間都要把電腦帶走,回來後再重新佈局,有時候還不得不換座位,因為原來的位子被人佔了。這一去一回耽誤的時間雖然不多,但讓思路重新接上需要耗費很長時間。為了解決這個難題,她約了好友一起來。座位終於固定了,但新的麻煩又有了:她和好友總是忍不住閒聊——這顯然更浪費時間。後來 Debby 和好友相約進行「沉默約會」,即只見面,不交流。雖然這是她提出來的,但好友也爽快地答應了(想必好友也有一樣的煩惱吧)。後來,她幾次看見好友欲言又止的樣子,都覺得很暖心,也很有趣,問題總算解決了。

· · · · · · ·

三、女性需要修煉「柔力」

· · · · · · ·

　　琬琬婚後依然住在離公司很近的公寓裏,只有週末才回家和丈夫住在一起。週末很多時候,她還需要加班、會友或健身,這又減少了他們夫妻倆相處的時間。直到有一天,她發現丈夫有了外遇。琬琬覺得自己很無辜,修理舊家具、調試網絡、更換汽車備胎等這些瑣事,她從不曾麻煩自己的丈夫,她不明白自己這麼獨立和優秀,怎麼會失去丈夫的心。當她嘗試了各種辦法努力彌補後,事情依然無法挽回,她感到非常無助。她終於明白:當一個男人在家裏毫無

存在感時，他自會去別的地方尋找存在感。一個無助恍惚的眼神就能激起男人的保護欲，一句柔弱膽怯的求助就能引發男人的傾囊相助。女人需要有妥協和示弱的能力，高情商的女人通常善於以弱制強、以柔克剛。

· · · · · · · · ·

發生衝突需要兩個人，停止衝突卻只需要一個人。人在情緒波動時，任何聲音都是噪聲，保持靜默才明智的選擇。當兩人步入婚姻殿堂，就等於放棄了完全的自由和獨立，依戀和不捨正是愛的體現。無論你的能力有多大、精力有多充沛，你總有力不從心的時候。所以，聰明的女性擅長示弱並承認對方的價值。如此循環往復，「柔而不弱」的女性才可能擁有不俗的工作業績和良好的生活狀態。

四、女性需要修煉「慢力」

· · · · · · · · ·

Jennifer 是一位製片人，也是兩個孩子的母親。她的丈夫在一家公司任總經理，對她疼愛有加。她每天都忙得焦頭爛額，直到有一天，她開車跟朋友打電話分了神，撞上了一輛滿載鋼筋的貨車。萬幸的是，鋼筋沒有傷及她的要害。她躺在病床上，開始被動地感受慢節奏的生活：孩子們都很乖巧，丈夫下班後也會陪她；沒了工作上的那些應酬和閨蜜們沒完沒了的聚會，她終於可以開始認真籌備一部大型紀錄片的拍攝了；也終於有時間整理孩子們的電子相冊了。她覺得孩子們長得太快了，她還沒來得及好好抱抱他們，他們已長大了……

· · · · · · · · ·

人跑得太快，身邊的風景就會變得模糊。因為生命太脆弱，所以幸福很珍貴。尤其對於女性而言，我們想要活得像鑽石——方方面面都能閃閃發亮。於是，我們常常感覺生活像在走鋼絲，很想往前衝，又必須慢下來，否則就會失衡。哈薩克人崇拜地神和水神，為此他們崇拜大山、奇峰和山洞。他們有句諺語：準備登山的人，開頭都必須慢慢走。只有慢下來，才能看見身邊潛伏的危險；只有慢下來，才能積蓄更多的能量；只有慢下來，才能感受生命最遠處的風景。慢是一種力量，也是一種智慧。

1. ［日］林真理子 . 只差一個野心 [M]. 陳菲菲，譯 . 北京：中信出版社，2016：187.
2. ［美］喬納森·海特 . 象與騎象人：幸福的假設 [M]. 李靜瑤，譯 . 杭州：浙江人民出版社，2012：96.
3. ［美］塞德希爾·穆來納森 . 稀缺：我們是如何陷入貧窮與忙碌的[M]. 魏薇，龍志勇，譯 . 杭州：浙江人民出版社，2017：15.
4. ［美］米歇爾·奧巴馬 . 成為 [M]. 胡曉凱，閆潔，譯 . 成都：天地出版社，2019.

管理討人厭的壞脾氣

如果能左右自己的思想，就能夠控制自己的情感。

—— 克萊門特・斯通

· · · · · · · ·

　　Sabina 身兼數職，除了是一名客戶服務員，她也是一名太太、媳婦、媽媽，每天要面對形形色色生活大小事務，令她經常控制不到自己的情緒。在結婚後她既要上班，又要照顧丈夫孩子，更要面對奶奶的冷言冷語。在公司，上司原本對她寄予厚望，她在培訓中的成績也非常突出，但客戶對她的投訴率卻與日俱增，這讓上司非

常失望，她自己也非常懊惱。客戶投訴她的理由幾乎都是服務態度惡劣，而她也因為每天要對陌生人笑臉相迎而為難。雖然每次事後她真的很後悔，但她總是控制不住自己的脾氣。

· · · · · · · ·

人的皮膚如果受到較為嚴重的創傷，即使在癒合之後也會留下疤痕。與這種身體機能類似的是，當人們經歷了某個較為重大的事件，其中的瑣碎細節可能會隨着時間的推移逐漸被遺忘，但事件帶給人的情緒記憶卻很難消散。

◯ 你留意過自己的「情緒疤痕」嗎？ ◯

假性遺忘

法國小說家馬塞爾·普魯斯特在其作品《追憶似水年華》中感歎自己早已淡忘了年輕時在法國和叔叔嬸嬸度過的時光，但一塊蘸了酸檸檬花茶的蛋糕的味道，就讓他回想起了當時的情景和感受。

一個人、一首歌、一個特定的場景，或是一種味道，都能輕鬆喚起人們塵封已久的情緒記憶。你以為自己早忘了，結果再次想起時，那種感受依然清晰無比。我把那些讓我們感到不悅的情緒記憶稱作「情緒疤痕」。無論你承認與否，它其實一直靜靜地潛伏在你的記憶深處。皮膚具備復原功能，處理不好會留疤。人的心理也一樣，在事情發生後，若事情帶來的情緒波動沒得到很好的處理，就會像疤痕一樣印刻在心底。這種復原機制是心靈的自我保護機能，又被稱作「假性遺忘」：你以為自己放下了，其實一遇到某種外在刺激，舊傷就會復發。

管好你的「壞抽屜」

美國知名的婚姻和家庭問題治療師朱迪斯‧P‧西格爾在其著作《情緒勒索》中用類比的方式解釋了人類大腦關於情緒記憶的特徵：在記憶儲存庫裏，有積極向上的事件存儲「抽屜」，以及並不期望再次發生的消極事件的存儲「抽屜」。但是，這兩個「抽屜」不可能同時打開。如果我們想到了一次積極的事件，那麼，整個「好抽屜」就會隨之打開。

這時，我們便只關心那些讓人感覺愉快的事物，而忽略掉了被隱藏起來的「壞抽屜」裏的事物。同樣，當我們想到壞事時，那我們就會只關注「壞抽屜」裏的事物。這時候，可以抵禦壞事的事物被緊縮在「好抽屜」裏。如果我們只能想起「全好」或「全壞」的事件，就會做出過度反應。[1] 簡單地說，一個人的記憶儲存庫中與壞事情相關的情緒越多，其情緒疤痕也就越多，這個人的情緒也就越容易失控。

怎樣避免產生更多的情緒疤痕？

加拿大心理醫生謝里‧范‧狄克在其著作《高情商是練出來的：美國大學裏的高情商訓練課》中説：「儘管情緒十分複雜，我們卻可以將它們分為兩大類：一類是原生情緒，另一類是衍生情緒。」[2]

我簡單地舉個例子。你和你的孩子在街上經過雪糕店時，孩子很想吃雪糕，而你沒同意。結果，在你繼續往前走了幾步後，回頭突然發現孩子不見了。當然，你幾分鐘後就找到了孩子。雖然你很快就反應過來，孩子只是在通過假裝走失對你實施反抗，但你還是被嚇到了。

在發現孩子不見時，你感受到的恐懼屬於原生情緒；當你找到孩子並意識到孩子的反抗心理時，你感到的憤怒屬於衍生情緒。若事後你只針對憤怒（衍生情緒）進行疏導，就很難真正復原，因為那份誤以為丟失孩子的恐懼（原生情緒）還在。科學的做法是找個安靜的地方，正視孩子的眼睛，告訴孩子你的恐懼，更要說明這份恐懼背後的愛。讓對方感受到你的愛，而非憤怒，此類事情才可能不再發生。

原生情緒	• 本能的反應，是我們無法改變的 • 走失孩子的恐懼

衍生情緒	• 對原生情緒加工過的感受 • 找回孩子後，認為孩子是故意而憤怒

美國心理學家伯納德・金在其著作《情商大師：如何快速成為一個淡定的人》中提出，「人要同情自己的憤怒」。他說：「培養自我同情能幫助你與自己的感受和諧相處，就好像父母坐在沮喪的孩子身邊讓他安心一樣……全面的自我同情表示盡力認可、接納並同情自己及感受中產生的一切。」[3] 每種剛硬的情緒背後都隱藏着一份柔軟的情緒：你憤怒，可能是因為擔心；你擔心，可能是因為在乎；你在乎，可能是出於嫉妒。就這樣，各種情緒來了又去，構築成人類生動的生命體驗。

憤怒其實是一種祝福

無益於解決問題的發脾氣，都是在自虐。大部分人發脾氣都源於自身情緒疤痕，與外界無關。美國制怒專家羅納德・波特—埃弗隆和帕特里夏・波特—埃弗隆在《制怒心理學》一書中描述了

多種不同的憤怒類型，如回避型憤怒、內向型憤怒、羞恥型憤怒等。羅納德説：「憤怒是一種很重要的情感，它能告訴你有些事情出了問題，從而催促你採取行動，是一個你不能忽略的信號。但是憤怒也會導致很多問題，尤其當你深陷其中的時候。」羅納德甚至認為憤怒是一種祝福，他在書中這樣寫道：「希望我們能接受憤怒的祝福，聽取其中的信息，然後，把它輕輕放下，活出美好的一生。」[4]

憤怒是我們內心真實情感的表現，我們可以借由憤怒更加了解自己的內在訴求。一個人能了解自己真正要甚麼並不容易，通過審視自己的情緒進行內觀是一個很好的途徑。

◯ 具身認知理論的驚人發現 ◯

神奇的「拇指和中指實驗」

英國赫特福德大學教授理查德・懷斯曼在《正能量》一書中談到了「拇指和中指實驗」。請伸出拇指，就彷彿你覺得某個東西很贊。然後閱讀下面的文字：

• • • • • • • • •

Donald 遇到了一個難題。過去的半年裏，他一直租住在一間公寓裏，現在他想搬走。他的合約已經到期，但是房東拒絕退還押金。多次索要押金未果後，Donald 越來越生氣。一天，他再也忍受不了心中的怒氣，拿起電話，將房東大罵了一頓。

• • • • • • • • •

你怎麼看待 Donald 的行為？你支持他在這一情境下做出這樣的行為嗎？

然後豎起你的中指，就彷彿你對某樣東西很不滿一樣，重讀以上段落。現在你對 Donald 的行為又有怎樣的看法？

以上小實驗根據密歇根大學杰西‧錢德勒的相關實驗設計。當人們邊豎中指邊讀故事時，他們認為 Donald 具有攻擊性；當人們邊豎大拇指邊讀故事時，他們認為 Donald 並不那麼具有攻擊性，相反，他們認為 Donald 挺真實可愛。[5]

強大的具身認知理論

芝加哥大學心理學教授西恩‧貝洛克在其著作《具身認知：身體如何影響思維和行為》中介紹了具身認知（Embodied Cognition）理論，它主要研究人的生理體驗與心理狀態間的關係。生理體驗可「激活」心理狀態，反之亦然。我與不少企業家朋友分享過這樣的技巧：建議他們把 PowerPoint 簡報文件中儘量多的信息設置成按「上下軌跡」進出的動畫模式，這樣在現場觀看他們演講的所有投資人都必須隨着演示文件的播放輕微點頭，這其實是在他們無意識的狀態下讓他們練習點頭（認可或讚許）。

而我的這一靈感便來自這本書，書中這樣寫道：「讓人開心的產品（比如百力滋）從上到下在屏幕上滾動時，相對於從左到右的移動，前者的觀眾更喜歡該產品，也更有興趣去購買。為甚麼？當人們的頭從上到下跟隨着糖果棒移動時，他們實際上是在點頭稱是。而當他們跟着物體從一側移動到另一側時，他們是在搖頭說不。」[6]

高能量姿勢是指四肢遠離大腦，向更遠處舒展，佔據更多空間的姿勢，這樣的姿勢會讓人更舒服、更自信；低能量姿勢與之相反，是類似於身體感到寒冷時的動作，這樣的姿勢會讓人感到緊張和對抗。無論是你發覺上司要給你提意見的時候，還是難纏的客戶把你「逼瘋」的時候，你都可以讓自己呈現高能量姿勢，這樣能有效避免負面的情緒產生。哈佛大學商學院教授埃米·卡迪在其著作《高能量姿勢》中説：「雖然當你在想像中做某個動作的時候，你的身體沒有任何變化，但是僅僅構想自己在擺出高能量姿勢，也許足以引領你進入更有力量的狀態。」[7]

具身認知理論對控制脾氣的啟示

基於具身認知理論，當我們意識到脾氣來臨時，就可以不用被動地、傻傻地等待脾氣控制我們，而可以有意識地調整自己的身體狀態和面部表情，以使情緒更快平復。比如，當你面對上司的苛責時，你可能感覺非常憤怒或委屈地想要一走了之，這時你不妨試着放緩呼吸節奏、舒展緊縮的雙眉或讓嘴角略微向上揚起。這樣，大腦接收到身體所呈現的這些變化時，就會變得放鬆且平靜。

生氣竟然如此可怕

據《生命時報》[8] 報道，生氣對身體的危害非常大。生氣時身體的普遍反應包括：消極或敵對的想法噴湧而出、摔東西、尖叫、肌肉緊繃、眉頭皺起、胃難受、血往上湧、心跳加速等，都是生氣時身體的反應。

生氣對身體的一系列損傷

1. 傷肝

體內會分泌兒茶酚胺，從而作用於中樞神經系統，導致血糖升高、脂肪分解速度加快、血液和幹細胞內的毒素增加。應對策略是接連大口地喝水，促進體內脂肪酸的排出，減少其毒性。

2. 傷肺

機體變化：每分鐘流經心臟的血液猛增，對氧氣的需求激增，肺的工作量也激增。同時，激素作用於神經系統，導致呼吸急促，甚至會過度換氣；肺泡無法放鬆，只擴張、不收縮，導致肺部受損。應對策略是深度緩慢地呼吸幾次。這樣的呼吸能讓肺泡得到休息，充足的氧氣能改善大腦狀態，讓人冷靜。

3. 引發甲亢

內分泌系統紊亂，甲狀腺分泌激素過多。甲狀腺是新陳代謝的重要器官，經常生氣易引發甲亢。應對策略是閉上眼、深吸氣，低下頭，下巴抵住胸，然後慢慢抬頭、呼氣。

4. 免疫系統受損

身體會分泌一種由膽固醇轉化的皮質固醇。皮質固醇是一種壓力蛋白，若體內積累過多，會阻撓免疫細胞運作，導致抵抗力下降，甚至讓免疫系統攻擊身體的正常細胞。應對策略是轉移注意力，看看天空、大樹或某個具有美感的物件。

5. 皮膚長色斑和膿包

生氣時，血液會大量湧向面部，這時血液中氧氣量減少、毒素增多，而毒素會刺激毛囊，引起毛囊周圍的深部患上炎症，形成色斑。另外，生氣會引發甲亢，內分泌失調，導致產生毒素，毒素刺激毛囊，形成膿包。儘管男性也會遭到類似現象的困擾，但女性因生氣受到的損傷更嚴重。

6. 更易出現胃潰瘍

生氣時，腦細胞會紊亂，引起交感神經興奮並直接作用於心臟和血管上，導致胃腸中的血流量減少，蠕動速度變慢，食欲銳減，引發胃潰瘍。雖然男性的身體也會出現類似反應，但大量的醫學數據顯示，女性在這方面的不良反應更為突出。

7. 腦細胞加速衰亡

生氣時，大量血液湧向大腦，致使腦血管壓力增加，而血液裏攜帶的大量毒素會使思維混亂，加速腦細胞的衰亡，嚴重時會誘發老年癡呆。對於腦容量本就相對較少的女性而言，這一點也需重視起來。

8. 患婦科疾病的可能性增加

因卵巢功能和激素代謝均受高級神經中樞的控制，所以，神經中樞活動（如生氣）會引發婦科病（如子宮肌瘤、卵巢囊腫等）。

9. 乳房出現腫塊

乳房周圍分佈着很多細微末端神經和血管。生氣時體內毒素突然增多，血液變得黏稠，所以乳房周圍的毛細血管會堵塞。而脾氣大或不善排解情緒的人最容易患乳腺癌。

不過值得慶幸的是，我們可以通過一些科學的方法控制脾氣。雖然女人天生就有情緒的週期性變化，但肆意發作只會搞砸了生活。要記住：「會」生氣的女人更可愛。

用科學制怒的方法

養成隨時「掃描」自己身體狀態的習慣，你要經常在心裏默念：

1. 放鬆頭皮，舒展額頭和眉毛，我的眼神溫柔而靈動，我的嘴角略微上揚。

2. 肩膀放鬆端平，大臂放鬆，小臂放鬆，雙手放鬆，背部挺直且放鬆，使腰部充滿力量但不要過度用力。

3. 感謝臀部肌肉讓我輕鬆地端坐，感謝雙腿讓我自如地行走，感謝雙腳支撐我行走。

4. 放鬆左腳的腳趾、右腳的腳趾……

5. 就這樣，從頭到腳掃描身體。這是一種即時、免費卻非常有效的情緒內觀，也是心靈對身體的撫摸。長久下去，你的身體自會用健康和輕盈的狀態報答你。

學會「閉嘴」

元朝的許名奎在《勸忍百箴》中概括了 100 種需要忍耐的情形，值得學習。第一忍是「言之忍」：「白珪之玷，尚可磨也，斯言之玷，

不可為也。齒頰一動,千駟莫追。」很多女性習慣「脫口而出」,結果就「禍從口出」了。我們用兩年的時間學說話,卻要用一輩子學「閉嘴」。

人要學會「閉嘴」。尤其是女性,我們天生語言表達能力就比男性強,所以,對待很多事,我們很容易流於口頭表達,不付諸行動。別人很少簡單直接地聽取我們口頭上的要求,但總會不自覺地評估我們的行為。如果母親想讓孩子成長為積極樂觀、努力拼搏的人,那麼,最有效的方法就是讓自己也成為那樣的人,用行動證明自己——這就是「閉嘴」的藝術。

保護大腦,屏蔽不良信息

我們經歷的事、結交的人和成長的環境都會成為我們思想中的一部分,所以我們必須保護大腦,使其免受不良信息的「污染」,因為忘記比記憶難。如何保護自己的大腦呢?

1. 與人交流時,如果發現對方純粹是在抱怨,你可以藉口有事走開。

2. 如果社交平台裏有經常分享負面情緒的人,直接設置不看對方的狀態。

3. 與人發生爭執時,發現對方蠻不講理,那麼,馬上道歉並停止糾纏。

總之,我們為大腦輸入甚麼信息,大腦就會輸出甚麼信息。保護大腦、控制輸入品質,自然就能減少不必要的負面情緒。

隨時「掃描」自己的音量、語氣和語調

語言本身力量很單薄，我們要借助表情、肢體動作等非語言信息才能更好地表達自己。當我們發現對方沒能真正理解或響應我們的想法時，我們的潛意識就會斷定對方沒聽清楚，所以就會增加音量、加重語氣，以使對方能夠「聽見」。其實這時候在對方眼裏，我們已經動怒了，只是我們自己還渾然不覺。所以，我們需要隨時「掃描」並控制自己的音量、語氣和語調。

重複念出你的座右銘

專家曾授意專業演員在志願者們不知情的時候激怒他們，再用不同的緩解憤怒的方法針對志願者們進行測試，結果發現志願者們的大腦電波在其中一種方法下總能最快地回歸平靜，這種方法就是：快速重複某些句子（通常是一些自己信奉的或積極向上的句子）。

和尚為甚麼每天都念經？宗教信徒們又為甚麼會祈禱？其中都有這個道理。所以，你不妨也找一些自己喜歡的句子，尤其是那些充滿智慧的名言，讓它們成為你的座右銘。這些話會影響你的思想，尤其在你的情緒洶湧澎湃時，重複這些話語會讓你保持冷靜和樂觀。

訓練注意力，專注於現在而非過去和將來

美國健康心理學家凱利・麥格尼格爾在《自控力》一書中這樣說道：「人腦像個求知欲很強的學生，對經驗有着超乎大家想像的反應。如果你每天都讓大腦學數學，它就會越來越擅長數學；如果

你每天讓它憂慮，它就會越來越憂慮；如果你讓它專注，它就會越來越專注。你的大腦不僅會覺得越來越容易，也會根據你的要求重新塑形。就像通過鍛煉能增加肌肉一樣，通過一定的訓練，大腦中某些區域的密度會變大，會聚集更多的灰質。」[9] 大腦的特性是總在過去和未來跳轉，很少專注於現在。我們的腦中總會有新想法出現，像只生命力旺盛的小狗，我們需要對它進行專業訓練，讓它對我們言聽計從。

流言止於智者，憤怒止於制怒高手。雖然我們無法觸摸情緒，但其傳染力不容小覷，無數悲劇正是源於某個個體的情緒失控。人的注意力一旦沉浸於過去或未來，情緒就很容易波動。請仔細閱讀下面的話，判斷一下主角是正沉浸於過去或未來，還是正在接納並專注於當下的情感體驗。

· · · · · · · · ·

個案一：週末的黃昏，婷婷坐在臥室裏生悶氣：姐姐比她大三歲，她從小就穿姐姐的舊衣服。雖然這沒甚麼，但她現在是大學生了，而且即將畢業，父母卻不給她買新衣服。而她看上的那件大衣真的很漂亮，價格也公道。她在想，難道這就是她的命嗎？

· · · · · · · · ·

婷婷是：　　☐ 沉浸於過去或未來

　　　　　　☐ 接納並專注於當下的情感體驗

個案二：Setlla 正在圖書館查資料，一次重要的商業談判在即，她必須全力以赴。如果她表現優異，她將迎來職業生涯的最高峰，否則就會讓公司高層失望。坐在她旁邊的一對年輕人讓她很不自在，兩個人根本沒有看書，而是在聊天。Setlla 有些焦慮，參考書太多，她無法借走，座位又有限，沒有更安靜的位置。她很想制止他們，又怕這樣做更影響自己的心情。她想：「難道是因為我不自信才過於焦慮嗎？」

Setlla 是： □ 沉浸於過去或未來

　　　　　　 □ 接納並專注於當下的情感體驗

　　個案三：Carmen 正擠在地鐵裏，看來她今天又要遲到了。她想像着一會兒到公司，主管會怎麼數落她；她還在想以後睡前堅決不玩手機，昨天睡得太晚了。地鐵又到了一站，車廂裏的人非但沒少，反而更多了。旁邊一位大叔滿頭大汗，散發濃郁的汗臭味。她忍耐着，忽然又想起主管對她的刁難。她忽然覺得自己特別可憐：「為甚麼我不是『含着金鎖匙出世』？為甚麼我一切都得靠自己？」

Carmen 是： □ 沉浸於過去或未來

　　　　　　 □ 接納並專注於當下的情感體驗

‧ ‧ ‧ ‧ ‧ ‧ ‧ ‧ ‧

個案四：身為全職主婦的花花正在陪五歲的女兒玩耍，剛加班回到家吃飯的丈夫沒好氣地説：「你就寵着她吧！」花花不解地問：「我怎麼了？」丈夫説：「你只顧跟她玩耍，她怎麼會好好喝奶？一大瓶奶沖好了放在那兒，你盲了嗎？」花花聽完連忙停下來，知道丈夫正在無理取鬧的她笑説：「我真沒看見！幸虧你提醒。」丈夫説：「甚麼沒看見，你是不是傻啊？」花花説：「是啊！你現在才知道嗎？」丈夫這才説：「快去餵奶吧！碗筷我自己洗。」花花回答説：「好！」丈夫沒再説甚麼，但明顯平靜了很多。

‧ ‧ ‧ ‧ ‧ ‧ ‧ ‧ ‧

花花是：　　□　沉浸於過去或未來

　　　　　　□　接納並專注於當下的情感體驗

　　人類的大腦習慣於在過去和未來之間打轉，像一個未經馴化的小獵犬一樣，很難安安靜靜地專注於現在，所以我們才需要訓練自己的大腦，讓我們的意識逐漸習慣於專注當下。因為當我們沉浸於過去或未來時，總會平添煩惱；而接納並專注於當下的情感體驗才會有利於我們克制憤怒，超越消極情緒。在上述第一種情境中，婷婷之所以在臥室裏生悶氣，是因為她的意識正沉浸於過去或未來，而非接納並專注於當下的情感體驗，因為她將「父母卻不給她買新衣服」這一件事，無限延長至她的一生，最後得出一個「難道這就是她的命」的更糟糕的結論。相反，在第二個情境裏，Setlla 雖然被旁邊的年輕人打擾，卻能專注於自己當下的情感體驗，從自己的衍生情緒「焦慮」中反思出自己的原生情緒「不自信」，這種理性的意識非常有助於她超越當下，戰勝消極情緒。再看第三個情境，

Carmen 因為自己起床晚導致可能要遲到而不愉快，卻在地鐵裏將所有細微的不愉快全都吸收，並糾結於自己的家庭出身，進而感到自憐，這是典型的「自尋煩惱」。相反，第四個情境中的花花卻非常有智慧，她看似逆來順受的背後是因為她有一顆充滿智慧的心。面對還在餵奶的孩子，一大早吵架於事無補；丈夫的沒好氣顯露無遺，此時的硬碰硬只能讓事情變得更糟。與人溝通總要待對方冷靜後才是適合的時機。肖金花很顯然沒有將丈夫的責罵延伸至過去或未來，而是接納並專注於當下的情感體驗。

簡單來說，上述四個情境，1 和 3 的正確答案為「沉浸於過去或未來」；2 和 4 的正確答案為「接納並專注於當下的情感體驗」。

無論我們是否情願，生活的軌跡總要向前延展。正如歌曲有起伏跌宕一樣，我們難免要體會喜悲榮辱。讓自己只專注於眼前的事情，快樂自然會常伴身旁。

時刻不忘生命的意義

苦難的背後其實都具備某種意義，或者說暗含着某種指向性。德國哲學家尼采說過：一個人知道自己為甚麼而活，就可以忍受任何一種生活。美國暢銷書作家曼迪‧赫頓幾次戀愛都以失敗告終，被拋棄的經歷曾令她苦不堪言，但在某個瞬間，她領悟了這份痛苦的意義。她想，或許自己能幫助失戀的或還在單身中卻不快樂的女性朋友，然後便寫了《安頓一個人的時光》，圖書出版後非常受歡迎，她自己也成了暢銷書作家。美國臨床心理學家維克多‧弗蘭克爾在其著作《活出生命的意義》中講述了他被納粹關進奧斯威辛集中營後的經歷。他的雙親、哥哥和妻子相繼被送入毒氣室，再也沒有出來，他自己也經受了難以想像的折磨。但他沒有放棄，在被解

救後，他活出了更精彩的人生：創辦了心理諮詢界知名的意義療法，拿到了博士學位，重新建立家庭，67 歲時考取了飛行員駕駛執照，80 歲時攀登了阿爾卑斯山⋯⋯

人有不同的生理需求，這些需求使我們得以存活，但人只為這個層次的需求活着，就很難活得深刻；人還需要不同層面的心理需求，這些需求會使我們感到快樂，但當人只追求快樂時，就會忽視他人的價值與感受；人還會有精神需求，這些需求使我們得以感受自身價值，感受到我們的存在對他人的生命有幫助。人一旦找到了自身生命的意義，精神就會復甦，進而爆發無限的生命能量。

1. ［美］朱迪斯・P. 西格爾. 情緒勒索［M］. 李菲，譯. 北京：文化發展出版社，2017：67.
2. ［加］謝里・范・狄克. 高情商是練出來的：美國大學裏的高情商訓練課［M］. 程靜，譯. 北京：北京聯合出版公司，2017：2.
3. ［美］伯納德・金. 情商大師：如何快速成為一個淡定的人［M］. 翁婉儀，譯. 北京：北京聯合出版公司，2018：61.
4. ［美］羅納德・波特 - 埃弗隆，［美］帕特里夏・波特 - 埃弗隆. 制怒心理學［M］. 羅英華，譯. 北京：台海出版社，2018：210、214.
5. ［英］理查德・懷斯曼. 正能量［M］. 李磊，譯. 長沙：湖南文藝出版社，2012：201—202.
6. ［美］西恩・貝洛克. 具身認知：身體如何影響思維和行為［M］. 李盼，譯. 北京：機械工業出版社，2017：76.
7. ［美］埃米・卡迪. 高能量姿勢［M］. 陳小紅，譯. 北京：中信出版社，2019：231.
8. 《生命時報》是中國第一份以「報道世界醫藥新成果，介紹健康生活新理念」為主旨的健康類週刊.
9. ［美］凱利・麥格尼格爾. 自控力［M］. 王岑卉，譯. 北京：印刷工業出版社，2012：24.

Lesson 11 控制心態,即掌控人生

當生活像一首歌那樣輕快流暢時,笑顏常開乃易事;
而在一切事都不妙時仍能微笑的人,是真正的樂觀。

——埃拉·惠勒·威爾科克斯

· · · · · · · · ·

　　瑜伽教練 Summer 一向開朗健談,她和幾家瑜伽教室簽訂了教學合作協議,平常的工作就是按照課表準時上課。空閒時,她就和在新加坡工作的男朋友 Facetime 聊天、自己在家網購或者和室友一起買菜做飯。最近,一個電話就讓她變得心情沉重,再也笑不出來⋯⋯

事情是這樣的：她住在元朗村屋的妹妹今年 DSE 考試失手，她不想重讀，又不想讀其他課程，非要來市區找她，說是要向她學習，也想當健身教練，在港島區方便上班。而她自己和別人合租的房子根本容不下第三個人，存款的數額又實在少得可憐。她跟男朋友抱怨，男朋友卻沒有給予絲毫的回應，更是故意忽視她多次暗示結婚的信號。當父母告訴她，讓她去車站接妹妹幫忙拿行李時，她瞬間就覺得生活毫無意義。每天揮汗如雨地工作，笑面迎人，卻不可以掌握自己的生活方式，她甚至覺得自己的命運既可憐又可笑。

. . . .

◯ 保持樂觀的心態絕非易事 ◯

當事情朝着我們期待的方向發展時，我們的內心通常是愉悅和樂觀的，但事與願違時，我們又很容易陷入悲觀和自艾自憐之中。

請你假設這樣一個場景：晚飯後，你在街上放狗散步，卻突然被樓上掉下的盆栽擊中。你認為自己當時會有何感想？我相信大部分人會說：

「我怎麼這麼倒霉？！」

「我是不是要死了？！」

人類進化至今，始終遵循着「用進廢退」的原則，沒用的功能逐漸就會退化。但為甚麼悲觀思想還如此倔強地存在於人類大腦當中呢？因為悲觀思想並非一無是處，盲目的樂觀也會將人引入歧途，關鍵是如何保持理智的樂觀，避免感性的悲觀。關於悲觀思想的用途，「做最壞的打算，盡最大的努力」向來是成大事者的典型心態。

國家的發展需要用樂觀的心態大膽嘗試，也需要做最壞的打算來加強軍事力量和國防戰備；商業活動需要運用樂觀的心態去策劃和營銷，但也需要以謹慎的商業佈局和周密的財務計劃做支持；一家人的旅行，需要用樂觀的心態去接納所有的不順遂和疲累，也需要用悲觀的思想提前計劃時長和預算。我之所以說「保持樂觀的心態絕非易事」，是因為人在逆境中很難不去設想更糟糕的狀況，有了這樣的設想之後，心態就會相應地受到影響。所以，在遇到挫折或重大事件的決策之前，考慮周全的同時還能保持樂觀的心態絕非易事。

樂觀需要後天學習，這雖然很難，但並非無章可循。

○ 樂觀思維測試與解析 ○

美國心理學家馬丁·塞利格曼在其著作《活出最樂觀的自己》中分享了他的樂觀箴言，他說：「樂觀可以預測賽場上的贏，悲觀可以預測賽場上的輸。這對於團隊或個人都是適用的。解釋風格在團隊或個人面臨壓力時發揮作用，如，在輸掉一場球後，或在最後幾局時。樂觀並非你可以憑直覺就知道的事。歸因風格測驗可以測出一些連你自己都不知道的東西。」[1] 美國社會心理學家弗里茨·海德是歸因理論的奠基人，他認為人們如何解讀事件的發生直接導致了人們後續的行為，針對同樣一件事，每個人的歸因風格不同，對這件事的態度和解讀也會完全不同。

樂觀思維測試

面臨同樣的遭遇，總有人越挫越勇，也總有人一蹶不振。你不妨做 6 道測試題，了解一下自己的認知傾向（樂觀傾向和悲觀傾向）。

個案一：你和家人一起去尼泊爾旅行，整個過程都很愉快，但最後一天你發現自己的錢包竟然不翼而飛！你後來仔細回想，才意識到錢包是被一個當地人在有意衝撞你時偷走的。你們在當地報了警，卻苦於沒有線索，只好作罷。如果最近有朋友跑來諮詢你去尼泊爾旅遊的事，你會怎麼想？

□ A. 建議朋友別去尼泊爾，因為那兒的人都是小偷。

□ B. 分享經驗，也坦言自己丟錢包的經歷。

個案二：你最近簽訂了一個大項目，這個項目對公司的發展至關重要。事後你得到了一筆不菲的獎金，上司還打電話給你，讓你準備在大會上發言總結，好讓同事們向你學習。掛完電話後，你心裏會怎麼想？

□ A. 這個大客戶真是我的貴人，我一定繼續努力，也得好好準備發言內容。

□ B. 我既專業又真誠，所以客戶們一向對我信任有加，當然也包括這個客戶。

．．．．．．．．．

　　個案三：你被行業內一群優秀的朋友邀請參加聚會，你也希望融入他們並得到認可。但在聚餐後，他們建議一起去打哥爾夫球，而你對哥爾夫球一無所知。雖然後來你努力參與，但你還是表現不佳，還出了洋相。你難免有些鬱悶，這時你心裏會怎麼想？

．．．．．．．．．

　　☐ A. 看來我不太適合這項運動。

　　☐ B. 看來我今天狀態不好，改天我再好好練練。

．．．．．．．．．

　　個案四：在公司的一次重要會議上，上司臨時起意讓你談談對公司戰略的看法。你應變能力很強，發言深得上司的認可，會後上司還對你讚不絕口。事後，你心裏會怎麼想？

．．．．．．．．．

　　☐ A. 太驚險了，幸虧我會前做了一些準備，要不然當時大腦肯定一片空白。

　　☐ B. 這很正常，我平時很注重積累，在關鍵時候當然「得分」。

・ ・ ・ ・ ・ ・ ・ ・ ・

個案五：週末下午，你帶着 5 歲的兒子在遊樂園玩耍。一不留神，兒子摔了一跤，膝蓋磨出了血痕。看着兒子無所謂的樣子，你心裏會怎麼想？

・ ・ ・ ・ ・ ・ ・ ・ ・

☐ A. 我這個當媽媽的太不稱職了，平常要工作，週末帶孩子玩耍還讓他受了傷。

☐ B. 兒子真是長大了，沒以前那麼愛哭了。不過我得提醒他建立安全意識。

・ ・ ・ ・ ・ ・ ・ ・ ・

個案六：你率領公司的幾位同事參加了行業內舉辦的馬拉松比賽，最終你們公司奪得團體綜合得分第一名的好成績。在頒獎儀式結束後，你心裏會怎麼想？

・ ・ ・ ・ ・ ・ ・ ・ ・

☐ A. 這主要靠每一位選手的堅持和努力。

☐ B. 這主要是因為我在賽前激發了選手們的鬥志和激情。

樂觀思維測試解析

你記下自己的答案了嗎？如果你都選擇了 B，那麼，任何人生境遇都不會令你畏懼，反而會使你更加努力上進；如果你都沒有選

B，也很正常，因為大多數人都是如此。上面的 6 道題可以分為 3 組，每兩題為一組，每組包含一件壞事（✓）和一件好事（✘）。具體解析如下。

組別	3 種認知維度	題目序號	事件性質	悲觀傾向	樂觀傾向
一	範疇	1	✘	集體、所有	個體、例外
		2	✓	個體、例外	集體、所有
二	時間	3	✘	永遠、長期	短暫、臨時
		4	✓	短暫、臨時	永遠、長期
三	個人價值	5	✘	內在、自我	外在、他人
		6	✓	外在、他人	內在、自我

第 1 題：你在尼泊爾遭遇小偷是件壞事（✘）。如果你有悲觀傾向，就會感覺尼泊爾的小偷很多，所以不建議好朋友前往；如果你有樂觀傾向，你會認為那個小偷只是個例，儘管丟錢包影響了自己的生活，但不會抹殺所有美好的旅行回憶，你自然樂於向好朋友分享經驗。

第 2 題：你因簽下大單而受到上司的重視是件好事（✓）。有悲觀傾向的人面對好事，反倒會認為這是例外，很難感到自信和得意；有樂觀傾向的人則會認為所有客戶都信任他，所以有較高的自我評價，也自然能體會到飽滿的成就感。

第 3 題：你初次接觸哥爾夫球，所以表現欠佳是件壞事（✘）。如果你有悲觀傾向，就會認為自己的表現不佳是永遠的、長期的，所以得出結論：「我不太適合這項運動」；如果你具備樂觀傾向，你就會認為這只是暫時的，以後要多練習。

第 4 題：上司對你在會上的發言讚不絕口是件好事（✓）。如果你有悲觀傾向，就會把自己出色的應變反應歸為運氣，認為這是

暫時的，而非你一直具備的素質；如果你有樂觀傾向，就會把這次經歷納入自己卓越表現的「案例庫」，認為這是自己長期努力的結果，進而更加自信。

第 5 題：兒子在遊樂園受傷是件壞事（ ✘ ）。如果你有悲觀傾向，就會覺得兒子摔傷是因為自己失職，因而得出自己不稱職的結論，進而感到痛苦和自責；如果你具備樂觀傾向，就會想到兒子已經長大，要教會他保護自己，所以才會想培養兒子的安全意識。

第 6 題：你率領大家取得馬拉松團體冠軍是件好事（ ✓ ）。如果你有悲觀傾向，就會忽略自己作為領隊的作用，認為這是同事們努力的結果；如果你具備樂觀傾向，就會強調自己的上司作用，進而格外感到自豪。

不知你是否注意到一條規律：無論是悲觀者還是樂觀者，在不同的認知維度裏，都存在思維方式上的矛盾。比如，樂觀者面對上司的讚美，會認為自己一向就很優秀；而自己不懂玩哥爾夫球時，卻覺得那只是暫時的。

任何人想要做出點兒成績來，都必須經歷挫折，而如何面對挫折決定着後續行為。樂觀者具備自戀的傾向，而自戀的人會在壞事發生後的第一時間放過自己，留出更多時間去面對現實。悲觀者則有自責傾向。誠然，我們只有意識到自己的不足，才會完善和改進，但自責的感受會給我們帶來情緒障礙，讓我們變得沉淪，難以很快有行動。

我並不是期待你變得完美，只希望你能收穫樂觀的思維方式。以後，如果你不開心，不妨反思一下能否換種思維方式。做父母的從不奢求孩子變得完美，只要他們快樂就好。我對你，也一樣。

◎ 保持樂觀心態的方法 ◎

克服恐懼是快樂的本源

　　時光的腳步從未停歇，我們探索着世界，感受着恐懼，也快樂地成長着。直到有一天，我們以為我們長大了。其實我們只是學會了避開所有令我們感到恐懼的事情。於是，成長停止了，我們也變得不再像以前那樣快樂。我們一起來回望一下那些被我們戰勝的恐懼吧。

- 我們害怕離開母親那溫暖的子宮，但還是扯着嗓子來到人間。
- 我們不敢獨自面對學校那陌生的環境，但我們終究還是放開了大人的衣角。
- 我們害怕不受同學們歡迎，但還是交了很多好朋友。
- 我們害怕孤獨，但心裏還是有很多不肯跟別人講的小秘密。
- 我們害怕長得太胖，但還是敢穿上最喜歡的衣服出門。
- 我們害怕被男神／女神拒絕，但還是大膽地表達着愛。
- 我們害怕長大，但還是迫不及待地離開了家。
- 我們害怕就業，但還是感受到工作帶給我們的成就感。

其實，我們一直以來都在這樣一種模式下成長着：一邊感受着恐懼，一邊小心翼翼地將觸角伸向前方。戰勝恐懼的同時，我們也獲得了成長與快樂。

美國臨床心理學家阿爾伯特‧埃利斯在《控制焦慮》一書中介紹了「克制過度思考法」。他認為，像其他人一樣，你變得焦慮的原因之一是你對情緒困擾因素中的不幸因素的錯誤認知或誇大。當然，你首先要接受恐懼感，然後才有可能戰勝它。[2] 法國心理學家克里斯托夫‧安德烈在《自我療癒心理學：為甚麼勸自己永遠比勸別人難》一書中這樣說道：「『接受』固然重要，但接受絕不是屈服或被動的同義詞……一切感覺和情緒，尤其是我們不喜歡的那部分，對我們來說其實都是有某種好處的。」他還強調，「產生恐懼感不會帶來任何危險……真正危險的是帶着這些情緒聯想到的情形……你的每一個行動都應該從現實出發，而不能從現實所引發的情緒出發」。[3]

擁有全面客觀的自我認知

英國社會學家安東尼‧吉登斯提出了「自我認同理論」。他認為人的一生就是在不斷地認識自己，你不斷地與他人交往，在交往的過程中也不斷地呈現真實自我的特性，所以你需要不斷地認清和剖析自我。更重要的是，伴隨自我認同的過程，還要不斷地進行自我完善。吉登斯認為，並不是每個人都能完成這個過程，只有那些具有較高自我要求的人才能堅持做到。正如《論語‧學而》中曾子的做法：「吾日三省吾身：為人謀而不忠乎？與朋友交而不信乎？傳不習乎？」如果你能像陌生人一樣看待自己、批判自己，並努力讓自己趨向完美，就不會太在意別人的評價。

人是一種具備社會屬性的高級動物，如果失去了與社會的聯繫，就很難了解自己。沒有全面客觀的自我認知，心態就很容易失衡。沒有人能持久地保持平衡的心態，大家都在不斷地調整，這是一種常態。你實現了目標，就會非常有成就感，否則，就會有挫敗感；你的成功被人見證，你就會非常有榮譽感，否則，你就會有羞恥感。總之，每個人都要在跌跌撞撞、磕磕碰碰之後，才能真正看清自己，才能具備樂觀的底氣。

擁有虛心和自謙的美德

　　老子在《道德經》第 66 章中說：「江海所以能為百谷王者，以其善下之，故能為百谷王。是以聖人欲上民，必以言下之；欲先民，必以身後之。是以聖人處上而民不重，處前而民不害。是以天下樂推而不厭，以其不爭，故天下莫能與之爭。」這個章節講的是「不爭」的政治哲學，他認為統治者應該懂得甘居人後，唯有這樣，百姓才會感到為政者的寬厚與仁慈。推而廣之，我們也能從中學到為人處世的道理。虛心和自謙是種美德，具備這種美德的人面對外界的評價，非但不會介意，反而會感恩，當然更會自省和改正。這樣的人自然會比一般人少了很多煩惱。

具備「自虐精神」

　　「黑天鵝之父」納西姆・尼古拉斯・塔勒布在其著作《反脆弱》中分享了他的思考：「你是否思考過『易碎』的反義詞是甚麼？幾乎所有人都會回答，『易碎』的反義詞就是『強韌』『堅韌』『結實』，諸如此類。但是強韌、結實的物品雖不會損壞，但也不會變得更牢固，所以你無須在裝有它們的包裹上寫任何字——你何曾見過有哪個包裹上用粗重的綠色打上『牢固』兩字的……總而言之，

對『易碎』的包裹來說，最好的情況就是安然無恙；對『牢固』的包裹來說，安然無恙是最好的，也是底線的結果。因此，易碎的反義詞是在最糟的情況下還能安然無恙。我們之所以將此類包裹冠以『反脆弱性』之名，是因為《牛津英語詞典》中找不到一個簡單的非複合詞來描述『脆弱』或『易碎』的對立面，不造新詞難以準確地表述這一概念。」[4]

他發現世界上有很多事物具備反脆弱性，比如壞消息，自古有就「好事不出門，壞事傳千里」的說法；比如樹皮，樹皮被損傷過的部位總會長出又厚又硬的結；再比如人心，人的內心也具備反脆弱性，借用尼采的話說：殺不死我的，會使我更強大。

美國女作家海倫‧凱勒自幼因病失聰且雙目失明，但她戰勝了自己，著有《我生命的故事》，還成了卓越的社會改革家，被授予美國公民最高榮譽「總統自由勳章」，還被推選為世界傑出婦女。

亞辛‧拉尼婭出生在科威特。20歲時，她遭遇了海灣戰爭，全家被驅逐出境。在約旦，她卻因機緣巧合認識了當時的王子阿卜杜拉（Abdullah II Bin Al-Hussein），最終實現了從難民到王后的逆襲。

南丁格爾自幼生活富足，卻想要做一名護士（在當時，護士的社會地位非常低）。多年間，她承受着家人的反對，在克里米亞戰爭中擔任戰地護士，被傷病員們親切地稱為「提燈女神」。她一生培訓了上千名護士，出版了多本關於醫院管理和護士教育的基礎教材，推動了世界各地護理工作和護士教育的發展。也是因為她的努力，護理學成為一門學科，而她的生日（5月12日）也被設立為國際護士節。

太多的名人勵志故事證明了人具備反脆弱性，想要擁有精彩的人生，就要具備「自虐精神」。如果你肯擁抱困頓和所有波折，便擁有了苦中作樂的品質，自然可以長期保持樂觀的心態。

了解自己內心真正的訴求

　　美國社會心理學家亞伯拉罕‧馬斯洛提出了人的需求層次理論，他認為人具備五種不同層次的需求，即生理需求、安全需求、社交需求、尊重需求和自我實現需求。

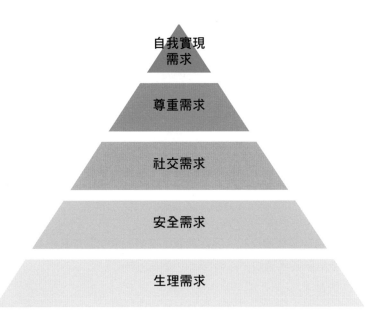

需求層次越高的人，精神境界也越高，其心態也越不容易受到外界的干擾。雖然每種需求都能給人帶來快樂和滿足，但很多人終其一生也沒有實現較高層次的需求，他們活得淺薄、孤立、狹隘，沒能真正體會到改變人類的自豪感、幫助他人的幸福感和實現自我價值的滿足感。只有那些敢於面對自我、了解真正的自己、跟隨內心訴求而勤勉行動的人才會有所作為，才會被人尊敬和傳頌。我們每個人的終極目標都是在追求不留遺憾的人生，這雖然很難，但多了解自己內心真正的訴求，並為之努力，就一定能少些遺憾，多些快樂。

擁有堅實的自信

美國心理學家阿爾伯特・班杜拉提出了「自我效能感」，即人對自身能否利用所擁有的技能去完成某項任務的自信度。當然，沒有人是完全自信的，而自信過了頭就是自負。總有一些因素會影響人的心態，如果你在下列情況下心態失衡，請記得：實屬正常，不必介懷。

1. 師長的評價：因為你敬重對方，才會在意對方的評價，才會有心態上的波動。

2. 自身過往的成就：因為突破了自我，感受到成長的喜悅，所以你會更新自我認知，心態自然也會隨之變化。

3. 自己身邊熟悉的人的成就：你身邊一個非常熟悉的人取得某種成就會讓你的認知錯亂，然後你會被迫更新自己的認知，心態也會隨之變化。

4. 高情緒喚起的場合：人都是環境的產物，我們的心態多少都會受到外界環境的影響。比如，即使不信仰宗教的人到了教堂，也

會感受到某種神聖感及自身的渺小；雖然你正穿着人字拖在閒逛，但看見莊嚴肅穆的升旗儀式時，還是會感受到內心升騰起的民族自豪感和愛國熱忱。所有儀式感都有其存在的意義，也總有些場合會讓你產生情緒波動，讓你心潮澎湃或心靜如水。

我 41 歲才晉升人母，剖腹產下一對可愛的雙胞胎女兒。所以我有一個心願：希望給她們留下一棟屬於自己的房子，房子不一定要非常大，但裏面會滿是溫馨的回憶，更有滿牆的書櫃，上面擺滿了她們的媽媽看過的書。這樣，她們在未來的某個下午，陽光透過窗戶照在她們早已不再稚嫩的臉上時，她們翻開了某本書，而那本書上有媽媽親筆寫下的感言，她們剛好也讀到那一句，我的思想便在那一刻和她們有了交流，我想這也是一種陪伴吧。為了實現這份心願，我大量地閱讀。當然，我也很享受閱讀的時光，內心也因此多了一份堅定與寧靜。我的樂觀源於勤奮，你的呢？

1. ［美］馬丁·塞利格曼. 活出最樂觀的自己 [M]. 洪蘭，譯. 瀋陽：萬卷出版公司，2010：153.
2. ［美］阿爾伯特·埃利斯. 控制焦慮 [M]. 李衛娟，譯. 北京：機械工業出版社，2017：74.
3. ［法］克里斯托夫·安德烈. 自我療癒心理學：為甚麼勸自己永遠比勸別人難 [M]. 趙颯，譯. 北京：中國友誼出版公司，2013：73—74.
4. ［美］納西姆·尼古拉斯·塔勒布. 反脆弱 [M]. 雨珂，譯. 北京：中信出版社，2019：3.

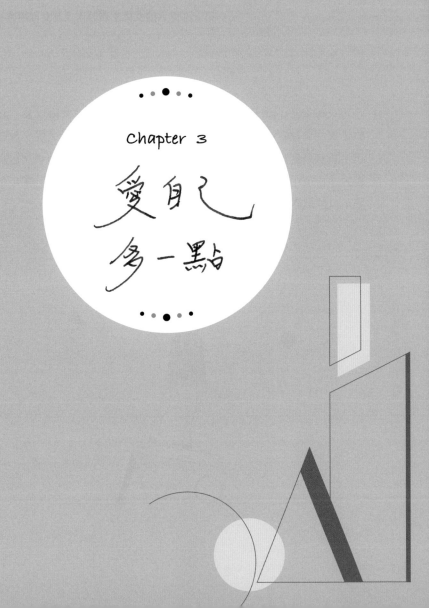

Chapter 3

愛自己
多一點

生為女人，我不抱歉

若要令想像力能夠發展到更廣泛的領域，將想像的對象變成最值得嚮往的東西的話，幽居和沉思都是必不可少的。

——第一部偉大的女權主義著作《為女權辯護》

• • • • • • • •

Polly 是一名電腦科學系大學生，畢業後開始了求職之路。她的各科成績都很優秀，個人形象雖不算出眾，但也落落大方，她不明白為甚麼每次投的簡歷都石沉大海。隨着畢業時間的臨近，她心裏的期待值也在逐步降低，她甚至開始向一些規模較小的公司投簡歷，但依然毫無音信。

於是她開始試着打電話詢問一些她認為可能會給她機會的公司，結果有幾家公司在回覆中暗示不招收女性，只有兩家公司勉強給了她面試的機會。事後，這兩家公司竟然不約而同地提問：「工作期內有否機會生育？」的問題。這讓 Polly 覺得難以接受，她意識到了現實的殘酷，甚至還偷偷地哭了幾回。

· · · · · · · · ·

◯ 性別歧視的普遍性和破壞性 ◯

幾乎所有女性在求職階段都能感受到職場性別歧視的存在，只是這種情況太常見，大家都習以為常，沒有引起應有的關注。職場中存在的性別歧視具有較強的普遍性和破壞性，每位女性都應該對此重視起來並提前做好相應的心理準備。

女性入職難度普遍比男性高

2018 年 10 月 11 日，據路透社（英國最大的通訊社）報道：亞馬遜的機器學習專家們發現了一個大問題，他們的 AI（人工智能）招聘引擎似乎不喜歡女性，為此，他們便將其關閉。原來，幾年前，因為人工挑選簡歷的工作量太大，亞馬遜開始嘗試用 AI 篩選求職簡歷。但後來專家們發現 AI 重男輕女，這本身有悖於我們使用 AI 的目的（中立和客觀）。為甚麼會這樣呢？

這要從 AI 的工作方式説起。AI 是靠抓取關鍵詞對求職簡歷進行篩選的，而關鍵詞是亞馬遜從公司內部過去 10 年間的求職簡歷中抓取出來的，約有 5 萬多個。專家們還對這些關鍵詞進行了重要程度的優先級排序。換句話説，AI 只是客觀地執行了專家們的指令，

也客觀地反映出亞馬遜在招聘員工方面有重男輕女的傾向。

　　女性入職難的現象非常普遍，而在數以萬計的求職大軍中，女大學生找工作的難度很大。化學工程類、建築類、運輸類等很多公司明確表示不招女性，還有更多用人公司認為女性員工會因為生育問題導致招聘和用人成本增加，所以它們就都表現出了和亞馬遜公司一樣的重男輕女的用人傾向。

女性在職場中的晉升難度更大

　　作為全球最大的職場社交平台，LinkedIn 針對華人職場的變化、人才分佈和流動趨勢做了大量的分析和深入的研究，其中涉及金融、高科技、製造、房地產、建築、醫療等行業。LinkedIn 將調查報告授權給了《環球科學》發佈，該報告顯示，女性比男性跳槽更頻繁。女性平均每份工作的工作時長為 28 個月，男性則為 33 個月。也就是説，女性比男性平均每份工作的工作時長少 5 個月，而跳槽的原因主要集中在婚姻、家庭、生育、升職瓶頸等。

　　LinkedIn 發現，中層管理崗位及以下的男女發展差異並不大，但向中層管理崗位及以上發展時，女性面臨的阻力就會出現，也就是説，「透明天花板」的確存在。長期以來，女性上司總是被貼上優柔寡斷、決策力缺失的標籤。當人們聽説有家公司在某位男性CEO（首席執行官）上任後穩健發展時，人們普遍會認為這位 CEO 很有上司才能；但當人們聽説有家公司在某位女性 CEO 上任後穩健發展時，人們卻很少把這種成績完全歸功於 CEO 的上司才能，而可能會認定那是公司市場擴張的自然結果。

　　卡內基梅隆大學認知心理學博士特蕾澤·休斯頓在《理性的抉擇：女性如何做決定》一書中談到這樣一件事：瑪麗莎·梅耶爾於

2012 年出任 Yahoo 的 CEO，她在上任後宣佈叫停了「在家辦公制度」，隨後就遭到媒體的抨擊，持續時間長達數年。巧合的是，同一年，百思買公司任命了一位新的男性 CEO 胡伯特．喬利，他也叫停了「在家辦公制度」，但媒體並沒有特別關注此事，更沒有針對他本人發表評論。而事情其實是這樣的：梅耶爾的舉措只涉及雅虎公司內 200 名員工，但喬利的決策卻影響了百思買公司 4,000 多名員工的生活方式。也就是説，同樣的管理舉措，後者波及的人數是前者的 20 倍，這一舉措的發起上司沒承受任何額外的社會輿論壓力；前者卻在多年以後仍然無法擺脱這種負面評論的陰影 [1]。

Facebook 首席運營官雪柔．桑德伯格在其著作《向前一步》中説：「事實真相會帶來痛苦，但知道真相的痛苦總比被蒙在鼓裏的快樂要有益得多。」[2] 面對職場中晉升的困難，我們不應氣餒，更不必抱怨，只需展示自信並發揮實力，充分發揮我們作為女性的獨特優勢，比如溝通與協調能力、商業談判能力、天然的親和力、洞察他人細微情感的能力等，就能開闢出屬於自己的一片天地。

女性的收入水平一般比男性低

參考《法制晚報》在 2018 年年底發佈的《2018 中國女性職場現狀調查報告》，報告顯示：女性整體收入比男性低 22%。處在婚育階段、被動失去晉升機會這一客觀因素仍然是女性區別於男性在晉升路上最大的絆腳石。有機構調查顯示：女性在 22 ～ 29 歲時的收入水平高於男性，而在 30 歲以後的收入水平遠不能與同齡男性相提並論，而造成這種後期收入差距的原因是其子女的出生。自此以後，這種差距再也沒能縮小。女性在大型上市公司中擔任 CEO 的比例不足 5%，平均薪酬也低於男性，而她們的穿着打扮總會成為人們的焦點，言論也總被挑剔和誇大。

很多女性管理者都有類似的感慨：如果想要和男性同事獲得同等水平的收入或同等級別的職位，必須有更高的能力並做出更突出的業績。這一方面是用人公司的問題，另一方面也是女性自身的問題。敢於據理力爭並表現出足夠的自信往往是女性較為缺失的能力。

◯ 女性有別於男性的七大生理特徵 ◯

女性總是容易被外界指責過於情緒化，所以，當女性多愁善感或情緒低落時，就會對自己產生不滿，認為自身性格方面可能存在缺陷。其實這是女性的先天優勢，女性在感受和表達情緒方面天生就比男性強，尤其是在月經期、妊娠期、產後、更年期等階段，女性總會捕捉到很多平日裏被忽略的信息。女性如果能夠理解自身生理週期和心理變化的規律，就能很好地處理生活和工作中的問題。女性的同理心、直覺和觀察能力比男性更勝一籌，所以能更好地關注孩子的需求、伴侶的心理及人際關係中的細微變化。換句話說，女性感受到的情緒波動很正常，這是一種健康的表現，更是女性智慧的源泉。但我們首先要了解自身有別於男性的特點，才能更好地調整和完善自己。

一、女性大腦比男性大腦輕且小

女性的大腦平均比男性大腦輕 150 克，大腦體積也明顯比男性小，就連大腦內所包含的腦細胞數量平均也要比男性少 40 億個（女性有 190 億個，男性有 230 億個）。儘管腦細胞的數量和人的智力沒有直接關係，但兩性大腦的「帶寬」[3] 確實存在差別。大腦是我們集中處理信息並對外界信息進行加工和反饋的中心，它的重量只佔人體的 2%，卻要消耗人體攝入能量的 20%。所以，當遇到的事情太多、壓力過大時，女性大腦更容易出現「帶寬」不足的現象，所以也更容易焦慮。

二、月經期間會出現激素失衡現象

女性在月經期間，大腦中有三種激素會失衡，即雌激素、葉黃素和睾酮。所以，有時候你會發現自己那幾天的脾氣特別暴躁，想法也更容易偏激，好像自己是另一個人。所以，經期儘量別飲酒，因為飲酒之後體內需要分泌解酒酶，而經期女性體內解酒酶的分泌量會減少，肝臟就得承受額外的負擔去製造解酒酶。於是，你會發現自己在經期更容易醉酒，而肝臟則會因此受到更大的損傷。

三、女性大腦在分娩後會有所改變

女性生完孩子後，大腦內的灰質[4]會減少。這是為了釋放女性天然的母性[5]。女性生完孩子後會變得敏感，對人的情感因素更為關注，直覺更為發達，總是能輕易感知別人情緒的變化。這種異於平時的腦區功能是為了更好地關照嬰兒的內心變化，當然，副作用就是母親自身容易焦慮。

四、女性更容易失眠

加拿大麥吉爾大學的專家米爾科·迪克西主持的一項研究發現，男性大腦合成血清素[6]的分泌速度比女性快 52%，而血清素在保持良好的情緒和睡眠中扮演着重要角色。所以，女性更容易失眠、抑鬱和焦慮。

五、女性更容易形成反芻思維

所謂反芻，俗稱倒嚼，是指某些動物進食一段時間以後將半消化的食物從胃裏返回嘴裏再次咀嚼。反芻思維是指某些人在經歷了

負面事件後，對事件、自身的消極情緒及其可能產生的原因和後果進行反復、被動的思考，而且總是忍不住要向身邊的人傾訴。女性比男性更擅長語言和情感的表達，在遭遇不幸或心情煩悶後更容易出現反芻思維。

六、女性的皮膚更易衰老

女性的皮膚比男性的皮膚薄 10%，皮下脂肪和膠原蛋白也要少很多。而皮下脂肪和膠原蛋白是用來滋潤皮膚的，所以女性的皮膚更容易出現老化、乾燥、出現色斑等症狀。當同齡的一對男女攜手步入婚姻後，女性總會衰老得更快。所以，女性的內心更容易患得患失。

七、女性的神經纖維比男性多一倍

女性每平方厘米的皮膚上有 34 條神經纖維，而男性只有 17 條。所以，女性大腦接收到的疼痛感要比男性高一倍，尤其是偏頭痛、肩頸病等慢性病。

美國靈性導師希拉里·哈特在《女性身體的智慧》一書中說：女性的身體、能量系統、大腦及激素都對生命的波動有特殊作用。女性的身體週期與能量、情緒的充盈和枯竭週期同步，與愛和渴望同步。這讓我們可能在今天極度渴望着被填滿，明天便會被在自己之內的和周圍的能量吞沒。我們只需要發展出這樣的意願——願意開始踏上一場人生之旅，那早已開始的旅程。[7]

當我們全面了解了兩性之間不同的特徵之後，就能對自身的性別特質有客觀的認知，知道該如何發揮女性自身的優勢，也能更理性地面對性別歧視。

◯ 跳出刻板印象威脅理論 ◯

　　社會上存在很多對於女性的刻板印象，比如：女博士不好嫁、女性不擅長理科、女司機駕駛技術差、漂亮的女人不專情、女人見識短等。

刻板印象威脅理論的含義

　　刻板印象威脅是一種自我驗證的憂慮，是一種個體經歷的心理風險。簡單來說，就是當一個人擔心自己的行為會驗證所屬某個群體的刻板印象時，反而會表現得更趨近於這種刻板印象。因為他人所評述的刻板印象會令人心煩意亂，即使不去理會也需要承受額外的心理負擔，進而降低了工作效率，行為表現自然就不盡如人意。

擔心自己的行為會被歸納為某個群體的刻板印象	▶	心煩意亂，額外的心理負擔	▶	表現得更趨近於這種刻板印象

　　比如，很多女性原本是享受駕駛樂趣的，但在多次遭到他人的負面評價後，便開始儘量避免開車，甚至在不得不開車時，也變得沒那麼熟練自如了。

　　刻板印象威脅理論通常表現為：有人告訴你一個期待（通常是負面期待）：對方認為你屬於某個群體，而那個群體的所有人都不擅長某項任務。然後，你會嗤之以鼻、不屑一顧，但由於被對方輕視，你內心產生了壓力。你想要證明給對方看，你其實是可以勝任那項任務的。結果，你在完成這項任務時，因部分心力和精力用於對抗內心的壓力，無法認真完成那項任務，最終任務完成得不盡如

人意，或者乾脆有失水準，也就應驗了對方的預期。

對方因此而更堅定地認為你不行，然後你很苦惱，更多腦力因此被分散。重複多次之後，你在完成那項任務時，會產生負面的心理暗示和消極的心理陰影──這就形成了一個怪圈。

如何應對刻板印象威脅理論

我們在了解刻板印象威脅理論的內容後，就會具備一定的心理免疫力。當我們被他人莫名其妙地貶低或嘲諷時，我們還是會感到不自在、焦慮或不安，但我們很快會意識到這只是對方對我們所屬某個群體的刻板印象，因此，我們受到的影響就會小一些。

我們可以運用自我肯定法──使用積極的自我暗示，如「我沒問題」、「我是最棒的」、「我很優秀」等語句，抵消負面心理。如果你發現收效並不明顯，可以試着增加重複的次數和頻率。

花點兒時間寫一些具體的事例，以印證你並不是這樣的，用此方法將這些信息內化。你會發現，這些事實就擺在眼前，不容爭辯，這種負面評價對你純屬無稽之談。之後，你內心的壓力和消極情緒就會很快消失。

◯ 五招應對職場中的性別歧視 ◯

適者生存，而變化才能適應。針對職場中的性別歧視，我們至少要從 5 個方面進行改變。

一、適者生存，加倍努力

拋開性別因素，我們必須面對競爭。實力是尊嚴，勝任是立足之本。女性若要取得與男性同等水平的成功，就要付出更多的努力。這就是事實，唯有一批又一批傑出女性嶄露頭角，才能從潛意識中淡化大眾的性別歧視心理。

二、自我增值，提升自信

我們生而平凡，後天的勤奮是差距產生的根源。基於勤奮，人才會成長，才會擁有自信的。外界對我們的認知通常源於我們對自身的評價。所以，女性要經營自己，讓自己充滿自信。只有這樣，別人才可能對我們產生更多的信任。

三、關注文化，發揮優勢

法國哲學家愛爾維修說過：「人是環境的產物。」每個人都有自己的背景，誰都難逃這種背景對自己的影響，所以我們需要關注企業文化，並使自己適應這種文化。所謂企業文化，是指一個組織由其價值觀、信念、儀式、符號、處事風格等構建的特有的文化形象。簡單來說，企業文化就是企業鼓勵甚麼行為、宣揚甚麼精神、重視甚麼特質等，你需要格外關注。同時，你需要結合自身優勢進行相應的調整。

四、理性客觀，修煉心態

誰都不知道自己還能活多久，但我們都表現得好像自己還能活很久一樣。每天會笑，會哭，為一些毫無意義的事情或喜或悲。直

到有一天，我們的人生走到盡頭，活成了別人口中的「反面教材」；或者直到我們老態龍鍾，才發現自己還是一事無成。所以，當我們情緒波動時，我們可以接受它們，充分體會每一種感受，因為那都是生命潮汐的證明。但更要修煉心態，讓自己做事情時是理性和客觀的，因為誰都不可能活在想像中。

五、更換平台，重新擇業

雷納·齊特爾曼在《富人的邏輯》一書中說：「根據對德國富人的一項調查，他們當中有 2/3 的人在工作期間至少換過一次職業。這不是指在另外一家公司從事相同的工作，而是從事一份截然不同的工作。調查發現，91% 的企業家都是如此，不過在中產人士中，這種情況的比例不足 40%。研究發現，在工作期間變換職業的人發展為富人的可能性增加了 5 倍。」[8] 如果女人當真了解自己並懂得發揮自身優勢，往往能取得讓男人都欽佩的成就。我支持變化，包括跳槽，甚至換行業。因為人總要做自己喜歡做的事，生命才不會被辜負。但我們是成年人，如果只是為了逃避問題或一時興起，那就毫無意義。

1. ［美］特蕾澤·休斯頓. 理性的抉擇：女性如何做決定［M］. 張佩，譯. 北京：北京聯合出版公司，2017：前言 2—3.
2. ［美］謝麗爾·桑德伯格. 向前一步［M］. 顏箏，譯. 北京：中信出版社，2013：90—91.
3. 「帶寬」指在單位時間內網絡可以傳輸的數據量。此處可以理解為人的大腦在單位時間內可以處理的信息量。
4. 灰質，Grey Matte，中樞神經系統的重要組成成分。
5. 西班牙巴塞羅那自治大學和荷蘭萊頓大學的研究人員在《自然神經科學》雜誌上的文章指出，產婦在懷孕之後，大腦結構會發生改變，這一變化的時間可持續至分娩後至少兩年。這種改變主要是由於大腦灰質變少，思維狀態和情感的改變都有利於新母親滿足孩子的需要，更貼近孩子。
6. 血清素，Thrombocytin，負責傳導愉悅的神經遞質。
7. ［美］希拉里·哈特. 女性身體的智慧［M］. 馮欣，姬蕾，譯. 北京：世界圖書出版公司，2017：162.
8. ［德］雷納·齊特爾曼. 富人的邏輯［M］. 李鳳芹，譯. 北京：社會科學文獻出版社，2016：34.

遭遇性騷擾不是你的錯

這個社會，在很多方面男性都佔據了優勢位置，
隱藏了很多男性霸權。

——梁文道

・・・・・●・●・●・・・・

　　熱愛表演的 Rachel 大學畢業前，在一家知名舞蹈教室實習，但全職舞蹈導師的名額有限，一位高級導師暗示他有能力替她取得全職之位，便經常在跳舞時借機對她動手動腳。Rachel 如實向家人反映了這件事，也做好了相應的心理準備。當這位高級導師又一次「不老實」的時候，她一邊悄悄按下手機的錄音功能，一邊用語言引導對方，讓對方說出不少有實證的內容。事後，Rachel 報了警，並把

錄音文件交給了警方。當晚,她的父母又托朋友聯繫了記者。第二天,她在網上論壇發了公開求助信,記者更是到舞蹈教室要求公開報道此事。幾天後,舞蹈教室便做出了開除那位高級導師的決定。後來她在舞蹈教室留了下來,憑實力如願得到全職崗位。

- - - - - - - - -

◯ 她們忍耐的六大原因 ◯

所有性騷擾事件的結局總是驚人地相似:你沉默,事情就不了了之;你追究,事情就滿城風雨。很多女性在遭遇性騷擾後,總奢望能找到兩全其美的策略:既不得罪對方,又能遏制對方的邪念。深入探究,可知她們選擇忍耐無外乎以下原因。

一、缺乏自我保護意識

當你選擇了沉默,對方便開始摩拳擦掌。或許你只是不想再繼續被糾纏,所以選擇沉默。那麼,換個角度思考,倘若你有女兒,你會任由女兒被人如此對待並在事後一言不發嗎?當然不會。說到底,我們還是缺乏自我保護意識。

二、事後沒有明顯的外在傷害

美國女性心理學家哈麗特·勒納在其著作《生命中的不速之客:超越恐懼、焦慮和羞恥感,活出自在人生》中提出男性和女性處理羞恥的方式不同,她說:「男人通常能忍受羞恥的時間不到一毫秒,他們會立刻把羞恥轉化為更『男人』的表現,如暴跳如雷和蠻橫霸道……女性在更多情況下傾向於忍受和內化,結果卻造成深深的缺

陷感和痛苦的孤獨感，覺得自己醜陋、無能、無助。」[1] 性騷擾對女性身體造成的傷害並不明顯，更多的是心理衝擊。所以，如果當事人不主動說出來，其身邊的親友便很難發現，最終造成當事人心理留下陰影、施暴男性更猖狂的結局。

三、對方是上司或客戶

若沒有身份上的優勢，對方也不會色膽包天。很多女性會迫於對方的身份，無奈選擇忍氣吞聲。

四、怕被別人非議

多數人缺乏勇氣，不敢面對外界的評價。這種忍耐的行為無益於自己的精神狀態，因為當你選擇獨自面對這種遭遇後，每分每秒，只要想起這件事，內心的快樂就會被痛苦蠶食。

五、法律不好界定

法律對此類案件的判定需要明確的證據，但此類事件的很多情形是突發的，來不及搜集證據，所以事情就很棘手，受害人也很被動。我們必須熟悉這方面的法律細節，才能更好地使法律為我們所用。

六、潛規則

某些行業或許存在潛規則：你付出青春的資本，然後達到既定的目標。但每個行業都有更多的人憑藉自身實力得到了很好的發展。所以，每個人都應該堅決拒絕潛規則，用勤奮和專注贏得自信，獲得尊嚴。

◯ 如何應對性騷擾 ◯

Rachel 這件事情之所以大快人心，原因如下：

1. Rachel 借助了媒體的力量，給這家公司施加了恰如其分的壓力。

2. 這家公司知名度甚高，很多偶像都在這裏排練，所以對形象高度重視，決策相對靈活。

3. Rachel 懂得自我保護，在第一時間掌握了證據（現場錄音），最終保護了自己的切身利益。

通過 Rachel 的經歷，我們不難總結出一些經驗。

1. 與上司或客戶應酬，你被頻繁勸酒時，你可以道歉並表明自己不勝酒力，請大家海涵。若對方不為所動，你可以找藉口暫時離席，與親友分享你的位置並讓親友來接你，消除隱患。

2. 發生非正常肢體接觸（如摸手、肩膀、頭等）時，你一定要及時躲開，明確表示不接受。事後一定要注意調整和對方的距離，避免單獨接觸。還要向親近的同事傾訴，同時全面了解對方的情況。

3. 被他人不正常注視而感到不悦或不安時，想辦法離開，若暫時無法離開，就調整位置或用物體進行遮擋，也可兇狠或鄙夷地回視對方的眼睛。

4. 當對方用曖昧的語言挑逗或暗示你時，請記住，不加理會也是一種態度。如果是網絡溝通，就即時截屏並保存，然

後繼續不加理會。若是在工作中，則儘量與對方保持距離。

5. 當有人在你面前肆無忌憚地講色情笑話時，要意識到這是不尊重女性的信號，要明確表示不接受，或至少做到正襟危坐、表情嚴肅，否則對方會變得肆無忌憚。女性需要適時宣告底線，優秀的女性更懂得如何贏得尊重，也更善於讓男性的邪念自生自滅。所以，你可以果斷離開。

6. 誰敢欺負你，就讓誰付出更慘痛的代價。雖然法律是受害者的有力武器，但如果我們不了解相關法律或自身太軟弱，法律則形同虛設。

◯ 三大取證技巧 ◯

一、錄音

你要熟悉操作手機的錄音功能並設置快捷鍵，這樣更便於操作。在錄音功能開啟後，要儘量引導對方把話説明白，有實質內容的錄音才有用。你可以假裝不懂，懵懂地問對方一些涉及兩人有肢體接觸、語言曖昧的話。可供錄音的內容包括：

1. 騷擾性語言。

2. 電話錄音。

3. 現場對話。

4. 任何能證明對方行為不軌的聲音。

二、錄像

性騷擾事件通常會有醞釀期，且騷擾行為會重複出現，所以：在首次沒能掌握有力證據時，你可以暗中安放錄像設備，以求有所收穫。很多公共空間，如電梯間、地鐵站等都有監控設備，要記得事後取證。

三、保存文檔

文檔類信息通常都具備法律效力，要慎重操作手機的清理功能，因為聊天記錄會附帶時間信息。還有其他與事件相關的文檔類信息，比如：

1. 挑逗或騷擾性的書面文字。

2. 與工作毫不相干的信息。

3. 事件進展類文檔，如對方的保證書、公司對他的書面處罰文件等。

4. 短信、郵件或其他即時性溝通軟件中的相關文字信息。

對於遭遇性騷擾的朋友，若有可能，我願意用懷抱給你力量，用傾聽送你溫暖。待你平靜以後，我會告訴你：怕甚麼就要面對甚麼。有兩條思路可以捍衛自身權益。

學會與當事人溝通的技巧

儘量避免與對方獨處，尤其是在封閉的空間裏。調整自身狀態，儘快擺脫不良情緒，用理性和智慧面對事實。事後儘量與對方進行

文字溝通，有可能也會得到有力證據。

如果對方只是對你挑逗，沒有實質行為，你不妨假裝不經意地展示自己的強大背景，如告知對方你有強悍的男朋友、兇惡的父親、資深的媒體朋友等，讓對方知難而退。

向他人（或相關組織）求助

1. 向信任的師長求助。你的難題對他們來說可能很好解決，尤其是對女性師長來說。

2. 向更高級別的上司反映情況。如果你平時和高層有聯繫，關鍵時候就會知道該找誰。即使不知道，也別怕把事情捅破。這種事就是要鬧得滿城風雨，才能讓當事人付出代價。

3. 約見當事人的親友。借助公司的聯誼會，結識當事人的親友。一旦事件發生，當事人那裏無法突破時，你就有了更多選擇。

4. 在內部找支持者，群起而攻之。性騷擾現象很普遍，若掌握了證據，就要大膽地在公司內部找同盟。曾有學生在大學被教授騷擾，學生把教授對她的挑釁信息打印並張貼在學校公告欄上。結果第二天，公告欄上出現了很多相似的信息，還有很多同學貼出了對教授的控訴，最終那位教授被校方辭退。

關於創傷後壓力症候群

印度國家犯罪統計局的數據顯示：印度每 3 分鐘就有一起針對女性的暴力事件發生，每 22 分鐘就有一起強姦案發生。一些西方

媒體將印度首都新德里稱為「強姦之都」。印度前總理辛格也曾痛心疾首地表示：「強姦和殺嬰是印度的兩大國恥。」為甚麼印度女性每天裹得嚴嚴實實，還會招來傷害呢？原因如下。

1. 印度國民受教育程度較低，法盲的存在直接導致犯罪率高發。

2. 印度還在默許「種姓制度」，這種制度導致其性別歧視嚴重。

3. 印度對這類案件的受理時間太長，司法審判的低效助長了犯罪分子的氣焰。

創傷後壓力症候群

創傷後壓力症候群（Post-Traumatic Stress Disorder，縮寫為PTSD）是指個體經歷、目睹或遭遇一個或多個涉及自身或他人的實際死亡，或受到死亡的威脅，或嚴重受傷，或軀體完整性受到威脅後，所導致的個體延遲出現和持續存在的精神障礙。遭遇創傷後，女性比男性更易受創傷後壓力症候群困擾。根據目前的循證醫學，[2] 心理治療是根治創傷後壓力症候群最有效的方法，常見的治療方法有：認知行為治療法、催眠治療法、眼動脫敏與再加工法、精神分析療法等。

當人們面臨無法避免的挫折或挑戰時，身體會自動發生一系列變化，如心跳加速、大腦高速運轉、手腳充滿力量等，這都是正常現象。但如果事情發生後數月仍無法恢復，就需要接受心理治療。失眠、易疲勞、情緒激動、焦躁不安、多疑、孤獨、對外界興趣減退、對工作感到厭倦等症狀都是創傷後壓力症候群的先兆。

創傷後壓力症候群

很想告訴你的三句話

我之所以提及印度女性暴力案件高發，是想讓女性讀者別自責，多讀幾遍下面的文字。

1. 他冒犯你和你自身無關

或許有人會説你舉止不端，你要忽視這種説法。他人之所以那麼説，是因為他們的內心存在偏見。發生這種事只能説明對方品質惡劣、心術不正，而你，只是單純的受害者。

2. 從了解自己到深愛自己

你經歷了怎樣的努力才走到今天，只有你最明白。走出這件事對你造成的心理陰影是一段必經的心路歷程，這段歷程只能由你自己走完。先要了解自己，才能深愛自己。深愛自己不是無條件地滿足自己，而是用盡力氣放過自己，通過不斷的努力讓自己對自己滿意；深愛自己就是好好照顧自己，給自己的身體提供健康的食物和

積極的精神養料。我經常在給女兒們洗完澡後，為她們裹上乾爽柔軟的毛巾，然後在她們耳邊輕聲低語一句話，那句話現在也送給你：「親愛的，你配得上這世間所有的美好。」

3. 一切都已過去，你的未來在你手中

如果在家不開心，記得借助網絡或其他方式找尋和你有一樣經歷的姐妹抱團取暖。我們每個人都需要社會的支持，才能變得更堅強、更勇敢。人的一生總會歷經風雨，但問題不在於你經歷過甚麼，而在於你如何面對未來。

· · · · · · · · ·

哥倫比亞畫家艾瑪·雷耶斯本就是個私生女，4 歲時又被母親拋棄。她在貧窮的修道院煎熬地度過了 15 年。在惡劣的生長環境中，她記住的卻是門縫中透過的光亮、小夥伴分享給她的半個橘子、人生中收到的唯一一個禮物——一個洋娃娃。她在《我在秘密生長》一書中說：「不要悲傷，悲傷的人會被魔鬼利用。」[3] 她看到過魔鬼，也體味過溫情，身體被禁錮，靈魂卻一直在飛翔。她最終成了一名畫家，她的畫作充滿生命的張力，色調鮮艷，造型奇特。當年，她的畫展甚至吸引了西班牙畫家畢加索先生前去參觀。

· · · · · · · · ·

為了讓心頭的陰霾消散，你可以嘗試以下方法。

1. 在夜晚，關上房門，寫下心裏的感受，想到一句就寫一句，就像在和自己對話一樣。把在心底的話寫出來，讓自己透口氣。

2. 清晨起床，洗個熱水澡，找一家喜歡的咖啡廳。點一份最愛的甜點，好好放鬆一下。想想你夢想的生活是怎樣的，拼命去想，讓思緒完全沉浸在未來。

3. 午休後試着坐起來，放空思想，全心投入去閱讀一本心愛的書。

1. [美]哈麗特‧勒納. 生命中的不速之客：超越恐懼、焦慮和羞恥感，活出自在人生[M]. 鐘達鋒，譯. 北京：機械工業出版社，2018：256.
2. Evidence-Based Medicine，EBM，即遵循證據的醫學，又稱實證醫學。
3. [哥倫比亞]艾瑪‧雷耶斯. 我在秘密生長[M]. 徐穎，譯. 海口：南海出版公司，2017：143.

面對小圈子的排擠

一個偉大的人有兩顆心：一顆心流血，一顆心寬容。

——紀伯倫

· · · · · · ·

　　身材高挑的 Ceci 是一位室內設計師，她在學英語時還和自己的外籍老師談起戀愛。緣於語言能力、自身形象、努力程度等多種原因，她的工作成績在公司裏非常突出。但她越來越感到自己不屬於這裏，因為與她同時加入公司的同事多少有些嫉妒她，舊同事又怕她搶走了自己的客戶。總之，大家都和她保持着適當的距離。

她也覺得自己非常優秀，所以慢慢也就習慣了獨來獨往，懶得和同事們交流。直到公司上司找她談話，讓她注意與同事的關係時，她才意識到問題的嚴重性。因為公司的本意是要提拔她為部門負責人，但大家對她的評價都不高。

· · · · · · · · ·

◯ 應對危機的行為模式 ◯

女性應對危機特有的行為模式

心理醫生朱莉・霍蘭在《情緒女人》一書中說：「壓力會促使我們發展社交活動，鼓勵我們尋求幫助……催產素[1]在這一過程中起着決定性的作用，這種激素能夠增進人際感情，讓我們互相依偎在一起。應激反應不僅僅是皮質醇（Cortisol）和腎上腺素（Adrenaline）的作用，也不僅僅是『要麼戰，要麼逃』的反應。在這方面，女性的表現更為明顯，受催產素的影響，女性的應激反應通常還包括『照料和結盟』行為。」[2]

那麼，何為「照料和結盟」行為呢？在遠古時代，危險來臨之際，男性只需要在「戰」和「逃」之間選擇就好；而女性平日則承擔着撫育幼兒的責任，所以，她們不能只考慮自己，必須保全幼兒的安危（照料），同時尋求可以借助的外部力量（結盟）。女性這種應對危機的特有模式潛入了我們祖先的基因，代代相傳。因此，現代女性依然比男性更看重自身與外界的連接。被同事排擠後，內在產生的消極情緒會格外強烈。

是我太敏感，還是同事們真的在排擠我

　　你還需要與當事人直接接觸，以此確認事實真相。如果是真的被排擠了，要反思一下原因。原因分為兩種：自身原因或外在原因。捫心自問，是否還想借助公司的平台謀求發展。如果是，那就努力扭轉當前的困局。人總要勇敢面對挑戰，才能不斷進步。很多事情是躲不掉的，就算你選擇離職，類似的問題還是會在新的公司出現。

○ 最容易被排擠的行為 ○

　　如果你在工作之餘經常感到空虛無助，或經常被別人說「想得太多」，那麼，你很有可能是「大腦多向思考者」。法國心理諮詢專家克莉司德‧布提可南在其著作《多向思考者：高敏感人群的內心世界》[3] 中說：「大眾對於『多向思考者』的了解極少，甚至還沒有一個完整的學術名稱來定義這群人……從童年起，『大腦多向思考者』很快地感受到自己在群體生活中，會遭受排擠。『一般人』一旦受到對方的拒絕或排擠，都會立即調整個人的行為，期望自己可以很快地獲得同輩的認可。但以上的修正行為，對於『大腦多向思考者』並不適用……他們所要付出的大量努力，甚至會讓他們累到筋疲力盡。」

　　為了方便讀者了解「大腦多向思考者」，布提可南做了這樣的類比，她說：「『大腦多向思考者』的『假我』，就像是一間 VIP 貴賓室，對任何人敞開大門，歡迎光臨。這個『假我』的功能就是要考慮到所有親朋好友的想法、需求和期待。當『大腦多向思考者』的『假我』存在時，當事者會讓他們所有的好友們感到非常舒適和友善。那你真實的自我在哪裏呢？首先，你要通過一條很長很長的『焦慮』隧道，『真我』則被關在隧道的底端那小小的囚房裏。但

是要開這囚房前，還有三道門鎖緊緊綁住『真我』：分別是被排擠拋棄的恐懼感、自我孤獨與被誤解的憂傷，再加上無法成為『真我』的憤怒。」

人們總有一些行為不那麼受人歡迎，這些行為大致可分為四類。

一、反駁到底

有些人習慣用「可」、「但是」、「不過」、「其實也不一定」、「那可不見得」等轉折性的詞作為說話的開頭，他們像辯論家一樣，時刻準備着反駁別人。這樣的說話方式會讓對方感到煩惱或疲憊，稍不留神，交談就變成了辯論賽。總之，這種行為總能把交流的氣氛搞砸。一來二去，除非逼不得已，否則沒人願意與之多交流。也就是說，排擠的現象產生了。

二、極端情緒化

大五人格理論（Five-Factor Model）是西方心理學界公認的一個人格特質模型，在臨床心理、健康心理、發展心理、職業心理、管理心理、工業心理等方面都顯示了廣泛的應用價值。簡單來說，它已經成為「人格心理學裏的通用貨幣」，是人類目前對人的基本特質最理想的描述之一。它所包含的五個維度[4]之一便是情緒穩定性，即具有平衡焦慮、敵對、壓抑、自我意識、衝動、脆弱等情緒的特質（也就是保持自身情緒穩定的能力）。極端情緒化的人給人的感覺很像一顆定時炸彈，人們無法預測他們何時會爆發、會因何種原因衝動，所以在領教了一兩次之後，人們就會躲得遠遠的。此時，排擠現象就會產生。

三、認為自己永遠沒有錯

一小部分人極度自戀，無論發生甚麼不愉快的事情，總能為自己找到合適的理由，將責任推到他人或客觀因素上。認為自己永遠沒有錯的人無法找到完善自我的方向，所以很難有進步的空間。相應地，這樣的人很容易產生抱怨、指責、不合群等行為傾向。因此，很容易遭到他人的排擠（畢竟誰都不喜歡被指責）。

四、自我封閉

自我封閉是一種環境不適的病態心理現象。在這樣一種心態的驅使下，人會想將自己與外界隔絕開來，儘量避免參加或根本不參加社交活動，除了必要的飲食起居、購物、自我娛樂、工作和學習，他們傾向於把自己鎖在家中，不與他人交流。自我封閉的人也經常會感到寂寞和孤獨，但他們就是發自內心地害怕或抵觸社交活動。那麼，為甚麼有的人會產生這樣一種心理呢？其實這種心理是人類天然的一種心理防禦機制。在成長的過程中，有的人遇到過不如意，甚至是較為嚴重的逆境和波折，事件雖然可能已經過去很久了，但事件對其引發的焦慮感始終沒能得到解決。於是，他們便採取自我封閉的行為方式回避外在環境，以避免類似的事件再次發生或避免內心的焦慮感日漸增加。

對他人的關注、共情和建立良好的人際關係幾乎是每個人都需要具備的能力，自我封閉的人彷彿為自己畫定了界限，將他人排除在外。所以，從嚴格意義上來說，不是別人要排擠他，而是他的潛意識鼓勵別人這樣待他。換句話說，自我封閉者非常需要必要的自我心理調適，否則會嚴重影響自己未來的生活、工作、人際關係，甚至身心健康。

◐ 被同事排擠該怎麼辦 ◑

　　有人做過這樣的心理實驗：將一群有男有女、年齡落差很大的志願者隨機分為兩組，並給他們發佈任務。任務很簡單，就是在卡拉 OK 房裏唱一首他們自己最拿手的歌。唱完以後，電腦會根據他們的音準、音量、節奏把握等表現打分，得分越高，志願者得到的獎金也越多。但 A 組的人在進入包房唱歌前，要先說一句話「我很緊張」；而 B 組的人進入包房唱歌前，要先說一句「我很興奮」。志願者們當時都覺得很好玩，並不認為這麼短的四個字會影響他們的發揮。於是他們摩拳擦掌，都想要獲得更高額的獎金。

　　實驗很快開始了：當他們每個人推開包房的門時，都感覺很緊張——房間裏亮如白晝，安靜得出奇，他們面前還坐着一排正言厲色的中年男性，他們像評委一樣上下打量着志願者，中間端坐的那位點點頭，向他們示意隨時可以開始……

如何進行積極的心理暗示

　　你可能已經猜到了答案：A 組人的得分遠遠低於 B 組人的得分。人的心態就是這麼敏感，只是喊了兩個看似相近、實際略有不同的詞，就能讓人的表現相差甚遠，心理暗示的重要性不言而喻。所以，當你感覺被排擠後，要給自己積極的心理暗示。

1. 一切都很正常：沒有一團和氣的公司，完全沒有矛盾衝突的集體是不存在的。

2. 與我無關：她們一看見我便停止了討論或許是因為她們的討論剛好結束。

3. 變被動為主動：她看見我沒有打招呼或許是她正因別的事煩惱，我應該主動關心對方。

4. 問心無愧就好：今天只是普通的一天，誰也不可能討好所有人，我沒做甚麼虧心事。

5. 見怪不怪：同事們彼此都太熟悉了，對方不是忽視我，只是沒甚麼新鮮話題可聊而已。

6. 心存善念：我是個很好相處的人，也非常關心身邊的同事，我希望他們都過得好。

總之，積極的自我對話可以讓自己擁有平常心。被同事排擠的現象很常見，大多數時候並不會影響全域，但凡後續問題惡化或演變成惡性衝突的，多是因為當事人自身沒控制好情緒或沒厘清事情的重要次序。

你也正被人愛着

美國著名的心理學家亞瑟・喬拉米卡利在其與凱瑟琳・柯茜共同撰寫的著作《共情的力量》中講述了他弟弟大衛因吸毒被通緝，後潛逃到外地走投無路時，因沒能及時走出情感低潮而選擇自殺的往事。他幾近崩潰後，沉痛反思：「大衛很少跟我説他愛我的——這是一個我應該抓住的線索嗎？相反，當我弟弟最需要我的時候，當他需要聽到這句『我也愛你』的時候，我卻僵住了……我正處於氣憤和不信任之中，因為以前聽到他太多次不算數的保證，因為大衛的毒癮已經把他的生活和我的生活都攪得一團糟，因為我為這種長久的痛心而深感厭倦，所以沒能跟他説出他最需要的那句話。我沒能讓我自己跟他説：『我也愛你。』……大衛為甚麼就放棄了呢？我肯定大衛喪失希望是因為他感覺到跟他所有愛的人失去了連

接⋯⋯他以為他的這些關係都被徹底切斷而不可恢復,這對他就像一個人沒有了氧氣,呼吸不暢。大衛在自殺之前很久就開始慢慢凋亡了。他做的所有嘗試都走向死胡同,他所有的求助哭喊都沒有被聽到、沒有被回應。他被毒癮逼到了一個死角,又深感羞愧、恐懼、內疚和悲痛,他覺得真的沒有了出路。」[5]

法國作家維克多·雨果說過:「人生最幸福的事就是相信自己是被愛着的。」雖然你感覺自己在公司裏的人際關係存在問題,感到被排擠或受冷落,但請深信,你同時也正被人愛着。人們之所以能和睦相處,必定是因為彼此忍耐、相互包容。多想想一直以來你收穫的那些愛,然後你會感覺其他問題都變得微不足道了。

20 種常見的容易被同事排擠的情境和應對策略

世界上從來沒有無緣無故的愛和恨。你們因某種機緣選擇了同一家公司,才成為同事。有的同事最後變成了你創業道路上的合作夥伴,甚至是一生的摯友;有的同事卻只是點頭之交,多年以後形同陌路。讓我們氣恨難消、仇恨在胸的同事極為少見。

工作時間長了,或多或少,誰都有過類似被排擠的感受。在積極的心態下,我們才能做出理性的行為。以下是常見的容易被同事排擠的情境和應對策略,供大家參考。

	容易被同事排擠的情境	應對策略
1	自身業務能力低下,成為同事的累贅	提升業務水平,多感恩,懂珍惜
2	能力格外突出,又不懂與人分享	適當示弱或與人分享工作經驗
3	新人的行事風格與公司文化格格不入	留心觀察總結,儘快適應並融入
4	空降到新公司,收入遠高於其他人	為人低調,儘快做出驕人業績
5	空降到新公司,派系林立,大家觀望中	儘快適應並與主流團隊結盟

	容易被同事排擠的情境	應對策略
6	工作狀態看似清閒，讓人心生不平衡	收斂悠閒的姿態，給予他人支持
7	說話方式有失穩妥，傷了不止一人	反思並修煉心性，真誠致歉
8	與某位上司關係不融洽	積極處理與上司的關係
9	被小人算計並被大家誤解	緩和彼此的關係，但敬而遠之
10	被公司提升或被上司當眾表揚	儘量表現得謙遜和受之有愧
11	與上司關係密切，卻疏於和同事交流	調整與上司的距離，多關愛同事
12	你最親密的同事突然成了大家的公敵	暫時忍耐並私下積極了解情況
13	從來不捨得分享，聚會從不買單	更新消費觀，同事關係值得投資
14	你的存在成了他人發展的阻礙	堅持自我，儘量平衡各方關係
15	言行不一致，最後被同事們驗證	引以為戒，下不為例
16	背棄失勢上司，而上司又重新得勢	向上司負荊請罪，或選擇離開
17	特別好鬥嘴，跟誰都要一爭高下	學會閉嘴，試着發現他人的智慧
18	每天抱怨連篇，毫無正能量	調整心態，靠近積極的人
19	向上司透露了某位同事的隱私	真誠地向同事道歉，請求原諒
20	沒有積極參加公司組織的團體活動	表示遺憾，儘量尋求共同話題

1. 催產素（Oxytocin），是一種肽類激素，由垂體後葉分泌。

2. ［美］朱莉·霍蘭. 情緒女人［M］. 尹曉虹，周村，譯. 北京：中國友誼出版公司，2015：121.

3. ［法］克莉司德·布提何南. 多向思考者：高敏感人群的內心世界［M］. 楊蟄，譯. 北京：北京聯合出版公司，2018.

4. 大五人格理論的五個維度分別為外傾性、宜人性、責任性、情緒穩定性、開放性。

5. ［美］亞瑟·喬拉米卡利，［美］凱瑟林·柯茜. 共情的力量［M］. 王春光，譯. 北京：中國致公出版社，2019：19、22.

Lesson 15 提升自身的討喜指數

對眾人一視同仁，對少數人推心置腹，對任何人不要虧負。

——莎士比亞

在美國小說家露辛達．羅森菲爾德的作品《我們其實沒那麼要好》中，女主角溫迪擁有穩定的工作和婚姻，所以她自認為比她的好朋友達芙妮過得幸福。所以她總是能及時向朋友送去關懷和溫暖，直到達芙妮遇到了一個鑽石王老五並結婚生子，她們的友誼便開始發生變化。最終，她們的關係變成了「相見不如懷念」。

◯ 複雜的人際關係 ◯

競爭關係的存在

法國小說家奧諾雷‧德‧巴爾扎克在其作品《邦斯舅舅》中曾經説道：朋友之間，當其中一方認為自己比對方優越時，友誼是最穩固的。人性使然，我們總會和別人進行比較。

能力和背景相差很大的人彼此之間往往很和諧，因為他們之間不構成競爭。而同事是一群需要相互配合和支持的人，彼此水平相差不大，所以競爭自然就產生了。另外，企業的組織架構多數是金字塔式，資源和權限的有限性也造成了競爭關係的普遍性。

脆弱的信任

人與人之間的信任是很難建立的，即使在信任建立之後，也需要經營和維繫。換句話説，信任猶如杜鵑花，你看着它們開得漫山遍野，拿回家去養，卻總是養不活。信任非常脆弱，但彌足珍貴，所以它反映在人際關係上就會造成其複雜性。

女性的大腦特性

女性天生有很強的感知他人情緒的能力，又容易在意人際關系的細枝末節。所以，作為女性的你，感覺人際關係複雜就在所難免了。

總而言之，剖析任何一個組織的人際關係，都會讓人感覺千頭萬緒。複雜的人際關係本身並不可怕，抵觸的心理無濟於事，關鍵是我們如何自處，如何擁有好人緣。

不要過快地與人交往密切

職場中的人際關係隨時在變化，今天是同事，明天可能就成了上司。所以，我們需要在完全了解他人之前，儘量保持距離，別跟他人走得太近。很多人抱着一顆交朋友的心，卻四處碰壁，因為他們誤解了同事關係的本質。同事之間是既合作又競爭的共生關係，和單純的朋友關係有本質區別。對於管理者，很多人都誤讀了「新官上任三把火」這句話，以為給別人下馬威，讓人膽戰心驚，別人就會佩服自己。實則不然。在你沒有全面了解基本情況時，輕易做的決策難免會不全面。所以，與他人保持距離，避免交往過度密切是第一原則。

儘量少對他人做出承諾

《論語·里仁篇》裏有這樣的名句：「君子欲訥於言而敏於行。」強調說話要謹慎，因為禍從口出。降低別人的期待值，別人才會有驚喜。一旦做出承諾，對方就會有期待，自己就會很被動。現代社會裏，人們的生活半徑被無限放大，所以，願意用真心與他人交往的人越來越少，多數人都處於疲於應付的狀態。你只要一次沒兌現承諾，就會被對方貼上負面標籤，很難再有解釋或修正印象的機會。

計劃自己的關鍵人線路

如果你不刻意花太多精力與每個人交往密切，你就有了與更多人保持表面和諧的機會。最好有意識地在每個部門選定一兩位同事，與其形成良好的互助關係，他們將是你獲得信息的關鍵人。「無事不登三寶殿」的行為模式不值得提倡，如果你有事沒事就和人家聯絡感情，遇到問題時，人家自然會鼎力支持。

保持你自己真實的樣子

心理諮詢師史秀雄在《假性親密關係》中討論了一個來訪者的問題，即戴面具還是做自己。他說：「與人交往時，我們會向所有人展現外在的、容易被人接受的一面。這樣的方式可以幫助我們和絕大多數人建立初步的關係。之後我們向比較喜歡和信任的人逐漸展露更深層的性格特點，結果發現有些人喜歡而有些人抗拒，這樣其實就逐漸過濾掉了一些人。而隨着這個過程的不斷進行，最終能夠看到我們內在性格的人，也就成了我們生命中最為親近和重要的夥伴。」[1] 當你了解了這個過程之後，不如「接受這個世界上有人喜歡你、有人討厭你這個事實……人生中的關係，不在於多，而在於精。我不需要刻意地偽裝……做一些自己喜歡的事，來讓那些無論如何都會喜歡我的人，早點在人群中發現我」。總之，保持你自己真實的樣子，才能少走冤枉路，擁有好人緣。

你焦慮的恰是你需要的

人在家裏很難成長，原因很簡單，因為家人都是疼你愛你的人。只有走向社會，面對陌生人，你才能快速成長。有的人無論如何都會支持你，有的人會無視你，有的人就是死活看你不順眼，有的人一心想讓你消失……而你在這種複雜的環境下，能夠謀求生存和發展，才可能得到完善和成長。人都是環境的產物，每個人都在愛和溫暖裏成長，並帶着自己的愛在人間行走。我們需要正視真實的人際關係，感受客觀存在的壓力，積極鍛煉自己並擁抱煩惱，活出最精彩的人生。

---

1. 史秀雄. 假性親密關係 [M]. 北京：中信出版社，2017：101.

○ 致謝

　　36 歲那年，體檢醫生發現我的卵巢上長了一個 16 厘米大的囊腫，而主治醫生一度懷疑它是惡性的。所以，那年我不但經歷了人生第一次全麻手術，也第一次開始思考死亡。我發現，死亡是最好的老師，它讓我知道甚麼才是最重要的，也讓我明白到底該如何生活。最後我得知，我體內的囊腫屬於漿液性囊腫（良性囊腫的一種），生活又可以再繼續，我真的好慶幸。

　　38 歲時，為了成功受孕，我經歷了第二次全麻手術。在整個就醫過程中，我的心非常平靜，甚至有些享受，因為我可以借此機會靜心閱讀。

　　41 歲那年，我經歷了第三次全麻手術——剖腹生產迎來我可愛的雙胞胎女兒。在那一次手術中，我翹首期盼，感謝命運的垂青讓我得償所願，她們像精靈一樣點亮了我的生命。作為母親，我深知生命的短暫，卻又貪心地想要幫助她們解決生命中可能出現的所有難題。我相信天下的母親都和我一樣，希望可以跨越時空的限制，永遠陪伴在孩子身邊，但那只是美好的願望。於是，我帶着一份對生命的敬畏寫作本書，不敢有一絲懈怠和馬虎，因為它將是我留給她們的一份禮物。

　　工作中，我有幸能接觸眾多職業女性，她們無比的信任和愛戴總能讓我感受到強烈的職業幸福感。所以，提出「女性情商」並

用實際問題進行講述的念頭，一直在我腦海裏醞釀着。這次終於得以實現，我感到十分激動，無比欣慰。所以，我想感謝所有出現在我生命裏的人。感謝在我寫作期間默默承擔起撫育寶寶重任的黎濤——我的丈夫，他對兩個女兒的愛和耐心讓我敬佩不已；感謝在中信銀行工作的張衛健——我的學員，他熱心地為我引薦了此書原版的中信出版集團最優秀的編輯；感謝中信出版集團漫遊者的編輯羅潔馨，她對本書可謂一見傾心，更在後續的出版環節中給了我很多切實的幫助；感謝漫遊者李穆副總編及其編輯團隊，她們對本書的出版給予了足夠的重視和期待；更感謝這麼多年來信任我的每位學員，是他們的認可和跟隨讓我堅定地走到了今天，讓這本書提供的知識和建議具有極強的實用性和可讀性。我在業餘時間開設了個人公眾號「書享慧」，會不定期地分享我閱讀過的經典好書，也會針對女性成長的話題組織一些線下讀書分享會，希望我們因本書結緣，讓閱讀成為一種習慣。最後，感謝每一位讀者朋友的關注，你的關注和分享就是在為「提升女性情商」這項偉大的工程助力。

做最好的自己

十五堂女性情商課

楊文利 ── 著

責任編輯	朱嘉敏
裝幀設計	劉婉婷
插　　圖	Oiman
排　　版	陳美連
校　　對	姜施構
封面相片	Hiuman Lam
印　　務	劉漢舉

出　　版

非凡出版

香港北角英皇道 499 號北角工業大廈 1 樓 B

電話：（852）2137 2338　傳真：（852）2713 8202

電子郵件：info@chunghwabook.com.hk

網址：http://www.chunghwabook.com.hk

發　　行

香港聯合書刊物流有限公司

香港新界荃灣德士古道 220-248 號

荃灣工業中心 16 樓

電話：（852）2150 2100　傳真：（852）2407 3062

電子郵件：info@suplogistics.com.hk

印　　刷

美雅印刷製本有限公司

香港觀塘榮業街 6 號海濱工業大廈 4 樓 A 室

版　　次

2021 年 7 月初版

©2021 非凡出版

規　　格

16 開（210mm X 148mm）

ISBN

978-988-8759-12-5